GUSTAVO ESTEVES

MENOS ACHISMO, MAIS DADOS

Um guia prático de como transformar dados em decisão

GUSTAVO ESTEVES

MENOS ACHISMO, MAIS DADOS

Um guia prático de como transformar dados em decisão

www.dvseditora.com.br
São Paulo, 2023

MENOS ACHISMO, MAIS DADOS
Um guia prático de como transformar dados em decisão

DVS Editora 2023 – Todos os direitos para a língua portuguesa reservados pela Editora.

Nenhuma parte deste livro poderá ser reproduzida, armazenada em sistema de recuperação, ou transmitida por qualquer meio, seja na forma eletrônica, mecânica, fotocopiada, gravada ou qualquer outra, sem a autorização por escrito dos autores e da Editora.

Revisão de Textos: Hellen Suzuki
Design de capa, projeto gráfico e diagramação: Bruno Ortega

ISBN: 978-65-5695-096-9

```
        Dados Internacionais de Catalogação na Publicação (CIP)
               (Câmara Brasileira do Livro, SP, Brasil)

    Esteves, Gustavo
        Menos achismo, mais dados : um guia prático de
    como transformar dados em decisão / Gustavo Esteves.
    -- São Paulo : DVS Editora, 2023.

        ISBN 978-65-5695-096-9

        1. Administração de empresas 2. Dados - Análise
    3. Decisões 4. Informação - Administração I. Título.

    23-172119                                      CDD-658
```

Índices para catálogo sistemático:

1. Administração   658

Eliane de Freitas Leite - Bibliotecária - CRB 8/8415

Nota: Muito cuidado e técnica foram empregados na edição deste livro. No entanto, não estamos livres de pequenos erros de digitação, problemas na impressão ou de uma dúvida conceitual. Para qualquer uma dessas hipóteses solicitamos a comunicação ao nosso serviço de atendimento através do e-mail: atendimento@dvseditora.com.br. Só assim poderemos ajudar a esclarecer suas dúvidas.

SUMÁRIO

AGRADECIMENTOS 7

PREFÁCIO DE RAFAEL REZ 9

INTRODUÇÃO 13

1. SEM DADOS, VOCÊ É APENAS UMA PESSOA COM UMA OPINIÃO 21
2. DADOS E MÉTRICAS JÁ FAZEM PARTE DA SUA VIDA 29
3. ANSIEDADE E ANÁLISE DE DADOS 37
4. ANÁLISE DE DADOS E SEUS SEGMENTOS 42
5. OBJETIVO, MÉTRICAS, KPI E ESTRATÉGIA 46
6. TIMING E SENSO DE PRIORIDADE PARA OS PROJETOS 52
7. MENSURAR TUDO NÃO É O CAMINHO 58
8. CULTURA DE DADOS E HABILIDADES ESSENCIAIS PARA QUEM TRABALHA COM ANALYTICS 67
9. MÉTRICAS SOCIAIS E MÉTRICAS DE NEGÓCIOS 75
10. KILL THE H.I.P.P.O. 115
11. COMO TRANSFORMAR DADOS EM EXECUÇÃO 121
12. COMO CONTAR HISTÓRIAS COM DADOS 135
13. ESCOLHENDO A SUA FERRAMENTA DE ANALYTICS 140
14. SEUS PRÓXIMOS PASSOS EM ANALYTICS 154

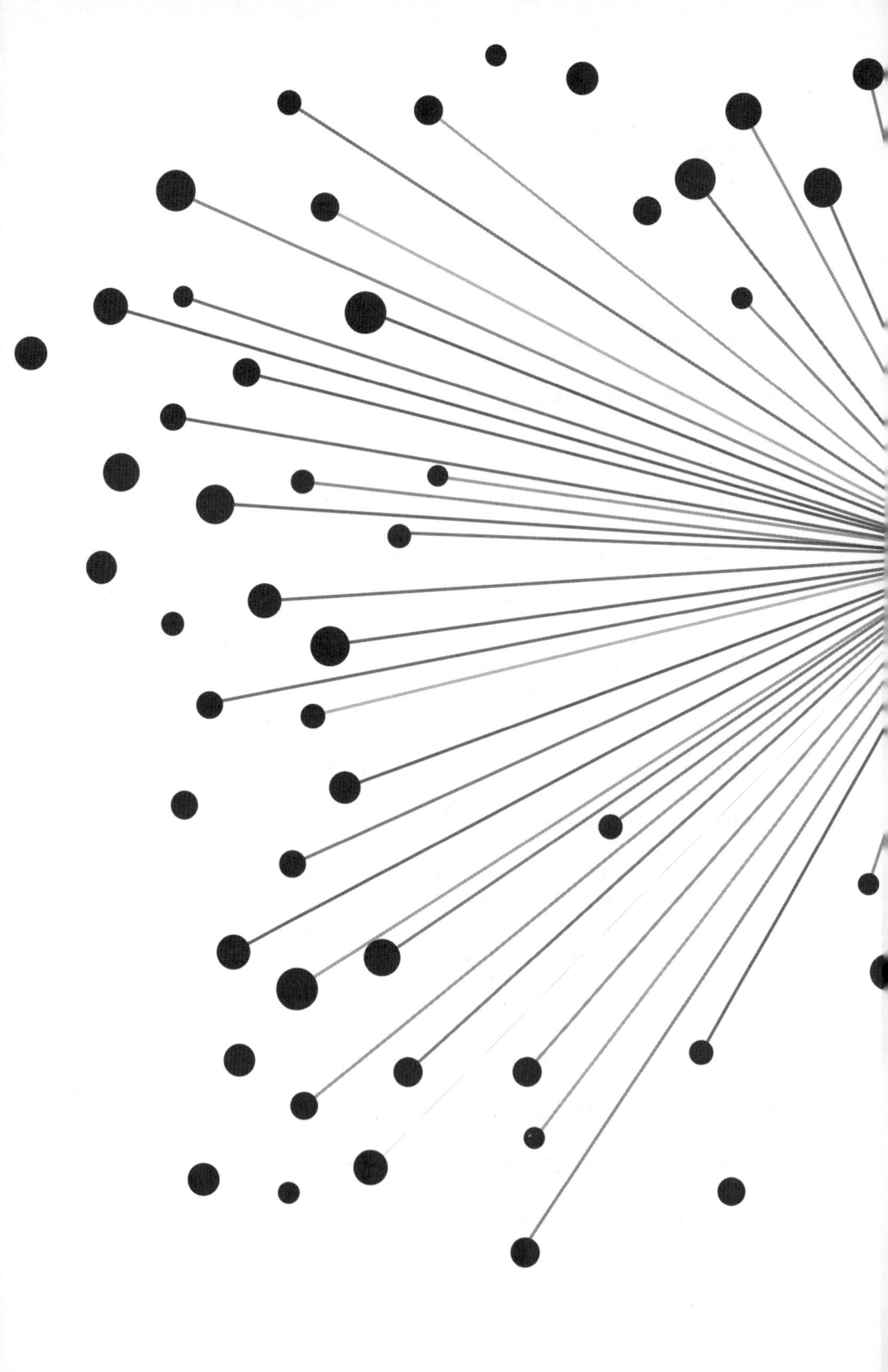

AGRADECIMENTOS

Este livro é a reunião de tudo que vivi e aprendi nesses mais de 16 anos de experiência trabalhando com marketing digital, e-commerce e analytics.

Devo agradecer primeiramente à minha esposa Thamires Rodrigues. Sem você, Métricas Boss, nada disso seria possível, obrigado por sempre acreditar em mim quando eu mesmo não acreditava. Agradeço também aos meus pais, Cristina e Roberto, por toda garra, dedicação e honra que me ensinaram, e a toda minha família pelo suporte. Meu sócio e irmão, Lucian Fialho, que embarca comigo em todas as loucuras que proponho e por termos batido de frente com todas as adversidades que tivemos durante esses anos e mesmo assim vencendo todas elas!

Ao meu time maravilhoso da Métricas Boss, que me ajudou a validar e analisar cada parte deste livro. Não posso me esquecer do meu grande amigo e mestre Rodrigo Assis, que teve paciência para me ensinar lá no início da minha carreira, e de Jansen Pinto, que me fez sair do status quo. E agradeço a todos os clientes e alunos da Métricas Boss, por confiarem no nosso trabalho.

Por último, gostaria de informar que este livro é um dos poucos sobre o tema que é brasileiro, carioca e, mais precisamente, do Lins! :)

PREFÁCIO DE RAFAEL REZ

O termo *data driven* (orientado a dados, ou direcionado por dados) se tornou um *hype* na indústria de tecnologia nas duas últimas décadas, atingindo o auge do volume de pesquisas no Google em abril de 2022[1].

Apesar de o pensamento orientado a dados não ser algo assim tão novo, a facilidade de coletar e analisar dados nunca foi tão grande. Desde tempos ancestrais a humanidade aprendeu a coletar dados sobre marés, sobre luas, sobre tempo de plantio e de colheita, aprendendo as melhores épocas para plantar, cultivar e colher. Ser *data driven*, portanto, não é algo necessariamente novo.

A diferença agora é que temos ferramentas incrivelmente poderosas para coletar e analisar dados, conferindo a qualquer um com tempo e habilidade a capacidade de entender de forma profunda qualquer tipo de problema.

O bom e velho ciclo PDCA resume de forma bem pragmática os momentos de diferentes projetos: planejar, desenvolver, mensurar e melhorar. O que nos permite melhorar continuamente é justamente a habilidade de medir, verificar e encontrar oportunidades de melhoria.

O problema é que geralmente só chamam os especialistas em dados na hora de apresentar os dados!

Só podemos ser realmente orientados a dados se soubermos o que vamos fazer, como vamos fazer, como vamos pedir e qual estrutura precisamos ter desde o planejamento, para que o desenvolvimento seja também orientado a dados e, por fim, as melhorias sejam possíveis.

Sem envolver analistas de dados desde o início de qualquer projeto, é bastante provável que algumas coisas não possam ser corretamente medidas, ou pior, é possível que boa parte do projeto tenha de ser refeito para que possa ser medido. E se existe algo estúpido na vida, é refação. Ter de fazer de novo algo que foi mal feito é desperdício de tempo, de recursos e de dinheiro.

. . .

1 https://trends.google.com.br/trends/explore?date=all&q=data%20driven

Nossa primeira missão ao fim deste livro é esta: trazer a cultura de dados para dentro de todos os projetos desde o início.

• • •

Quando conheci o mestre Gustavo Esteves, o nosso santo bateu, o que é algo totalmente intuitivo e nada fácil de medir. A forma como olhamos para as coisas era extremamente parecida, então a identificação era natural.

Chamou minha atenção a visão sobre negócios que ele trazia, e os insights diferenciados não eram fruto apenas de talento — havia método naquilo.

Um olhar diferenciado sobre os objetivos dos usuários, sobre a forma como as tarefas eram realizadas e sobre como algumas métricas eram absolutamente inúteis (eu ouvi "taxa de rejeição?") me deu a certeza de que eu estava de frente com um profissional talentoso, sim, mas principalmente competente e experiente naquilo que fazia.

Ao longo dos meses tive várias oportunidades de aprender mais e mais com ele, absorvendo pedaços da vasta experiência dele no planejamento, desenvolvimento, mensuração e principalmente, na capacidade de encontrar oportunidades enormes de melhoria e evolução usando dados.

Foi um novo sentido para o *hype data driven*.

A história do avô do Gustavo, que você conhecerá a seguir, ilustra com a sabedoria de um homem experiente uma lição similar que o mestre Seth Godin ensina aos marqueteiros do século XXI:

"Não procure clientes para o seu produto — encontre produtos para os seus clientes."

Com as montanhas de dados às quais todos nós temos acesso, é possível encontrar demandas de clientes que não estão sendo atendidas e desenvolver soluções para estas demandas. Mas sem dados, sem geração de informação, é improvável chegar a insights valiosos que permitam saber o que as pessoas querem.

Nossa segunda missão também fica clara aqui: mostrar que, das montanhas de dados, podemos escavar diamantes, mas que isso só é possível quando olhamos para os dados como ferramentas de negócios.

Independentemente das plataformas de tecnologia que usamos, insights são ferramentas de negócios que permitem ter clientes mais satisfeitos, diminuir custos e aumentar lucros.

• • •

Antes de iniciar a leitura em si, quero ressaltar um ponto importante que compõe a terceira e última missão após a leitura deste livro: é preciso ter clareza sobre o que estamos buscando com os dados.

Este spoiler é importante para guiar a leitura das páginas à frente. Todo o pensamento orientado a dados precisa ter muita clareza sobre objetivos, métricas e indicadores.

Olhar para os dados errados, ou olhar com viés errado para os dados, pode levar a conclusões equivocadas.

Nas páginas à frente, você encontrará primeiro um manifesto sobre o uso das métricas de forma objetiva e embasada, e a seguir um manual, métrica a métrica, de como implementar a interpretação de dados no ambiente digital.

De forma leve, sem firulas e com uma objetividade peculiar ao estilo do Gustavo, você aprenderá como argumentar com HIPPOs, como construir conjuntos de dados claros e como justificar aumentos ou diminuições de investimentos com base em dados objetivos.

Tendo essas três missões em mente, te desejo uma excelente leitura!

Rafael Rez

Fundador da Web Estratégica Consultoria.
Cofundador da Nova Escola de Marketing.
Autor do livro Marketing de Conteúdo: a moeda do século XXI, publicado no Brasil e em Portugal, best-seller em ambos os países.

INTRODUÇÃO

Digital Analytics é mais que um gráfico bonitinho!
- Gustavo Esteves

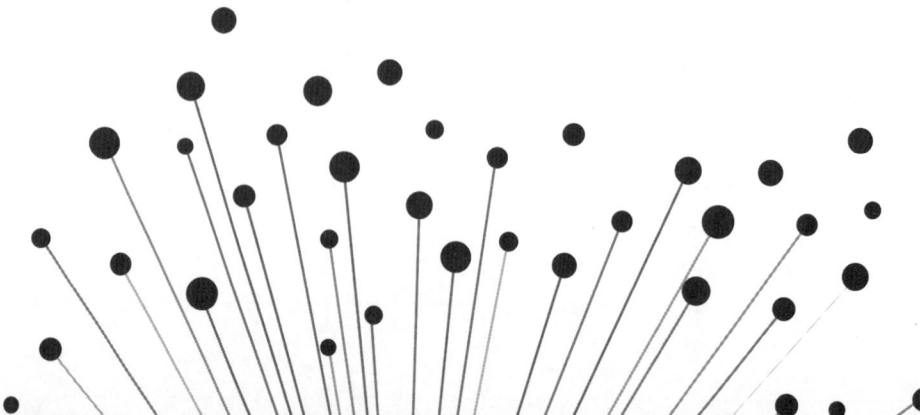

Desde muito cedo, percebi que precisava fazer dinheiro e conseguir ser alguém independente. E isso fez com que, desde sempre, eu corresse atrás de oportunidades que pudessem me servir nesse propósito.

Eu, uma criança recém-promovida a adolescente, sem muitas boas ideias na cabeça, encontrei na internet uma oportunidade de ganhar uma grana com jogos online e iniciei um pequeno negócio entre os meus amigos. Todos os dias, eles me procuravam em busca de jogos. E foi assim que ganhei o primeiro dinheiro da minha vida.

Foi nessa época que meu avô, um imigrante português que construiu tudo o que tinha do zero, me deu uma grande lição de marketing e empreendedorismo.

Ao perceber que eu, naquela idade, estava fazendo negócios com os jogos, ele sugeriu algo que guardo até hoje: que eu não deveria produzir os jogos simplesmente porque eu gostava e torcer para que fossem um sucesso de vendas entre meus amigos. Muito pelo contrário, o segredo estava em analisar e descobrir qual era, de fato, a demanda deles.

Graças ao meu avô, para quem jogos de videogame eram uma coisa inacessível e moderna demais, eu passei a pesquisar com os meus colegas sobre quais jogos eles realmente gostariam de ter. A partir de então, comecei a passar papel e caneta, deixando que eles fizessem as encomendas, em vez de oferecer o que eu julgava interessante.

Para mim, esse foi o início da minha vida no mundo do empreendedorismo, e apesar de não ter durado muito tempo, me rendeu a primeira lição sobre a necessidade de entender o que o público quer ou precisa.

Entrando no ensino médio, iniciou-se um segundo momento da minha vida como "empreendedor", se é que eu poderia me chamar assim. Como eu entrei na escola de eletrônica, acabei aprendendo bastante sobre o conserto de dispositivos, por exemplo, videogames. Comecei, então, a comprar videogames quebrados com amigos, praticamente pelo peso deles em material, e, depois de consertados, vendia-os por oito ou nove vezes o valor da compra. Ali, aprendi uma segunda lição fundamental para todos os que se arriscam a empreender: negociação.

Foi também no primeiro ano do ensino médio que consegui meu primeiro emprego, como back office em uma grande empresa do varejo digital brasileiro. A partir dali, não parei mais e parti em busca de avançar na minha área, aprendendo e começando novos empreendimentos — dessa vez, formalmente.

Foi assim que dei início à minha primeira agência de marketing, a EWB — Easy Web Business —, com meu amigo Rafael Cid e dois outros sócios. A experiência foi extremamente importante para eu chegar aonde estou hoje e contribuiu muito para o meu amadurecimento enquanto profissional. O problema é que ainda não estávamos verdadeiramente preparados para trabalhar em uma sociedade, e, como não é de se surpreender, as coisas não saíram como eu imaginava.

A divisão de trabalho entre os sócios não foi a mais otimizada possível, e logo vimos que a parceria não daria certo. Da Easy Web Business, eu e o Rafael Cid, com quem tenho uma ótima relação até hoje, fomos para um e-commerce de sapatos, que antes era nosso cliente na agência.

Nesse e-commerce, toda a parte de marketing e tecnologia ficou sendo responsabilidade minha e do Rafael, o que foi uma experiência e tanto. Ficamos um tempo na empresa, com dedicação máxima, mas, pela nossa falta de conhecimento da parte administrativa, logo tivemos problemas por lá também.

Lembro do desespero da época em que passamos a receber ligações de fornecedores reclamando que os boletos simplesmente não estavam sendo pagos. Minha reação foi de choque e confusão. Não tendo domínio sobre aquela área, eu só podia responder que não sabia nada daquilo e que falaria com meu gestor. A resposta dos clientes era sempre a mesma: "Esse mês não deu, mas o boleto vai ser pago no próximo...".

Tentamos resolver de todas as formas, mas, no fim do dia, os boletos continuavam não sendo pagos, e não me restou alternativa senão sair de lá e seguir o meu próprio caminho.

Nesse momento, montei com o Rafael Cid um terceiro negócio, chamado Salão Descontos. Isso foi no auge das compras coletivas. Nós ajudávamos os salões de beleza a ficarem cheios de terça a quinta-feira, já que, em geral, esses negócios recebem um bom volume de clientes somente aos finais de semana.

No início, o projeto parecia bastante promissor, com vários salões interessados em fazer parte do nosso negócio. Obviamente, estávamos entusiasmados com o sucesso que estávamos perto de experimentar. Doce ilusão.

Mais uma vez, esbarramos em questões técnicas, e os problemas que surgiram representaram mais um grande aprendizado. Era impossível assegurar que os salões mantivessem um registro das pessoas que encontraram eles através do nosso site, o que, por fim, deveria garantir a nossa comissão. Os estabelecimentos simplesmente não faziam a coleta de dados correta e, no fim do mês, as comissões nunca eram o que poderiam — e deveriam — ser.

Para deixar bem claro que não sou de desistir fácil, preciso compartilhar que o nosso quarto negócio também teve um destino parecido. Depois da Salão Descontos, começamos uma empresa chamada Trombone. A nossa ideia era criar uma espécie de portal de reclamações de funcionários para empresas.

Lá, os empregados poderiam, de forma anônima, expressar tudo aquilo que eles não gostavam no próprio trabalho. A princípio as coisas estavam indo bem. Chegamos, inclusive, a ganhar certa relevância local, e algumas empresas acabaram nos convidando para conversar.

Infelizmente, não encontramos uma maneira de tornar esse projeto um negócio financeiramente viável. Da Trombone eu trago, até hoje, esse cuidado na forma de lidar com os funcionários. Aquele ideal que guiou a fundação da empresa continua nos servindo na forma como gerimos hoje a Métricas Boss.

Nossa sede de sucesso não parou por aí, e criamos um quinto negócio: um e-commerce de camisas de zumbis. Na época, o mercado estava em alta, movimentando 2 bilhões de dólares nos Estados Unidos. Primeiramente, fizemos camisas para os amigos, para que então eles compartilhassem e isso servisse de divulgação para a marca. Deu certo. Começamos a ter cerca de quarenta ou cinquenta pedidos por dia, mas o negócio simplesmente não estava escalando como gostaríamos.

Ao longo da existência de todos esses empreendimentos, precisei manter um emprego paralelo. Durante a fase do e-commerce de camisas de zumbis, trabalhava como coordenador em uma agência de marketing digital, mas não estava nada feliz com o rumo que minha vida estava tomando.

Lembro-me de como era horrível chegar todas as segundas-feiras e enviar os relatórios aos clientes, que pagavam o olho da cara por um serviço de pouco valor. Era uma precificação absurda por um trabalho que não exigia qualquer esforço intelectual sério. Isso realmente me revoltava. E, em uma reunião, depois de receber comentários desagradáveis, decidi que sairia daquela empresa imediatamente.

Apesar de todos os problemas e dores de cabeça, todas essas experiências me prepararam para estar aqui, hoje, com você. Foi através das dificuldades que tive que minha vida foi direcionada para o mundo dos dados, que é minha verdadeira paixão.

Talvez você tenha chegado até aqui por querer começar a atuar com analytics, ou porque precisa melhorar suas habilidades, ou ainda porque está se arriscando no mundo do empreendedorismo. Com este livro, quero te ajudar a trilhar uma trajetória mais simples que a minha. E você vai ver, tudo é muito mais simples do que os "gurus da internet" fazem parecer ser.

Ao final deste livro, você será capaz de, finalmente, entender aqueles números aparentemente abstratos que os analistas apresentam em dashboards quase incompreensíveis. Mas o entendimento só não basta. Você verá como colocar os números em um processo para conseguir analisar as informações e, o mais importante, como utilizar as informações na prática para gerar mais leads, clientes e faturamento para o seu negócio.

Recomendo que você não leia este livro por mais do que uma hora por dia, pois quero que coloque em prática o que for aprendendo e desenvolvendo. Aqui, qualidade é melhor que quantidade, então foque mais em aprender e colocar em prática e menos em devorar o livro de uma vez só!

Este livro é destinado para qualquer profissional, estudante ou empresária(o) que deseja analisar dados e transformá-los em execução. Vou te ensinar aqui a não só gerar dados, mas um processo construído ao longo de mais de doze anos sobre como transformar a informação em resultado.

Veremos aqui desde como cada segmento da área de dados é dividido, até as principais Métricas Web separadas por tipo de negócio ou estratégia. Falaremos em como analisar essas informações dentro de um processo desenvolvido por este que vos escreve e como transformar dados em decisões — tudo isso embasado por cases de clientes e resultados gerados no decorrer de toda a história da Métricas Boss.

Então, sente-se em um lugar confortável e prepare-se para ler as próximas páginas durante uma hora e, logo em seguida, partir para a prática dentro da sua empresa ou do seu negócio, elevando suas práticas para um outro nível de desempenho e resultado. As portas do maravilhoso mundo da análise de dados estão prestes a se abrir para você.

1. SEM DADOS, VOCÊ É APENAS UMA PESSOA COM UMA OPINIÃO

Você já deve ter ouvido a frase "Dados são o novo petróleo", a tradução livre da frase criada pelo matemático Clive Humby, *Data is the new oil*, em 2006.

Desde que essa frase foi cunhada, CEOs, líderes e grandes empreendedores vêm utilizando essa citação para falar sobre a importância dos dados na nova economia, trazendo o conceito como analogia à exploração do petróleo, que, no século passado, foi fonte de riqueza e um dos principais pilares do sistema econômico mundial.

Hoje, os dados são o combustível de empresas de todos os portes e segmentos, e quem souber utilizá-los da forma correta para explorar seu potencial vai, sem dúvidas, sair na frente no novo mercado.

O que poucos sabem é que a frase original de Humby vai além: *Data is the new oil. It's valuable, but if unrefined it cannot really be used (...) so must data be broken down, analyzed for it to have value.*

Na afirmação, o matemático mostra muito do que vamos discutir neste livro. Assim como o petróleo precisa passar por um processo de refinamento, os dados precisam ser transformados em análises e informações de valor para as empresas.

Isso significa que o valor dos dados não está neles em si, e sim no que podemos fazer a partir de sua extração. É dessa forma, com capacidade analítica, que você vai poder atuar de forma inteligente e utilizar os dados em seu máximo potencial.

Neste livro, quero desmistificar a análise de Digital Analytics, tornando a análise de dados digitais acessível para que qualquer pessoa que trabalha na internet possa transformar dados em ação.

Antes de tudo, quero que você saiba que analisar dados não é um bicho de sete cabeças. E tenha certeza de que essa habilidade vai transformar completamente a sua forma de olhar para os negócios digitais e te capacitar para atuar de forma muito mais assertiva, seja no seu próprio negócio, na de seu cliente ou na empresa para a qual você trabalha.

Agora, você está dando um grande passo em direção ao sucesso na Era dos Dados. E eu vou te guiar nesta trajetória para que, juntos, a gente possa caminhar na direção contrária aos achismos.

Quem me conhece sabe que essa é a minha grande luta: mostrar para o mundo que é preciso trabalhar com mais dados e menos achismo. E eu espero que você entre nessa batalha comigo, para ajudar a evolução das empresas brasileiras em direção ao caminho natural das coisas, que é tomar decisões baseadas em fatos, e não em opiniões, como acontece em milhares de empresas.

Com este livro, meu objetivo é simplificar a sua vida e te preparar para trabalhar de forma mais inteligente e assertiva, usando ferramentas que estão disponíveis para fazer o trabalho "chato". Assim, você ficará livre para usar a sua energia no que a tecnologia não é capaz de fazer: transformar dados em informações úteis para você.

No mercado de métricas, dados e analytics, sempre fui muito diferente de todos os meus colegas de profissão. Eu nunca concordei, por exemplo, que analytics é TI. Pelo contrário: sempre acreditei que analytics é business, ou seja, negócio.

Isso não significa que a parte técnica pode ser desprezada, é claro, afinal nada relacionado a negócios sobrevive sem que a parte técnica esteja estruturada. Um empreendimento precisa de dados. Precisa saber que os dados registrados são fidedignos e refletem a realidade como ela é. Sem isso, tudo não passa de aposta.

Apesar disso, o mercado, como um todo, vai numa direção que eu considero perigosa. Ele acaba caindo no tecnicismo e perdendo de vista que os dados são uma abstração, um recorte de algo que é concreto: o negócio.

Algo que me ajudou muito em toda a minha carreira, como profissional e professor, foi sempre entender que algo não é verdade porque a intuição de alguém está dizendo aquilo. Por isso, analytics só faz sentido quando se é proativo, quando se está disposto a buscar os dados e acreditar neles, a entender que eles representam uma realidade que, independente do que você acha, não pode ser ignorada.

É como disse um matemático famoso: sem dados, você é só uma pessoa com uma opinião.

Uma opinião pode sempre ser rebatida com outra opinião. Já os dados são inquestionáveis. É por isso que uma das principais características de um profissional de analytics é ser curioso. A curiosidade nos estimula a buscar o porquê das questões, e é essa investigação que nos fornece insights valiosos. Sabendo de tudo isso, era natural que eu estivesse insatisfeito com o que eu encontrava no mercado, dominado pelos achismos e pela falta de visão de negócio. Foi então que comecei, na forma de um blog, a Métricas Boss.

Foi um dos meus chefes nesses empregos que contei anteriormente, o Jansen Pinto, que me fez criar o meu primeiro blog, o tipo de coisa que, a princípio, parece muito simples: um site que organiza e disponibiliza textos para as pessoas.

Como muitos elementos na vida, o blog pode até não ser complicado de se iniciar, mas a masterização dessa mídia exige um trabalho sofisticado. Para que os seus textos apareçam como resultado para as pesquisas no Google, você precisa aprender o chamado SEO.

SEO significa *Search Engine Optimization*' um conjunto de técnicas utilizado para melhorar as chances de uma determinada página na internet aparecer primeiro como resultado para uma palavra ou conjunto de palavras pesquisado no Google.

Naquela empreitada, graças ao Jansen, aprendi estratégia de marketing para blogs, compreendendo, na essência, esse universo de criação de textos otimizados para o Google. Foi a primeira vez que estudei Analytics.

Se prestarmos atenção, fica claro que o Analytics é um mecanismo lógico para quem empreende em basicamente qualquer setor. É por meio dessa ferramenta que nós mensuramos com precisão o resultado das nossas ações.

Lembro que, no meu primeiro contato com o Google Analytics, ele pareceu extremamente complicado, mas dominar aquele painel foi uma missão que eu tomei para mim como quase de vida ou morte. Foi durante esse processo de aprendizado, ao encarar toda essa complexidade, que eu também desenvolvi o método que uso hoje para ensinar os meus alunos.

Depois desse chefe, que foi quem primeiro me ensinou todas essas coisas num momento em que eu não sabia nada, meu outro grande professor foi o Rodrigo Assis, de uma das empresas de varejo por onde passei — e a quem eu alugava os ouvidos todas as manhãs com perguntas sobre tudo de marketing digital. Perguntei e continuei perguntando até chegarmos a um ponto em que a única dica que ele podia me dar era me recomendar materiais para estudar na internet.

Eu sempre quis ensinar. Descobri desde cedo que se entendesse uma determinada matéria, seria capaz de ensiná-la para quem quer que fosse, com bastante didática. Quando surgiu a oportunidade de ensinar analytics, abracei sem pensar duas vezes, mesmo com a insegurança pelo fato de ainda não ter uma experiência como professor. Montei a melhor aula que eu poderia imaginar e fui com tudo. Foi um sucesso absoluto. Ensinei com muita vontade e a recepção dos meus alunos foi a melhor possível.

Com o meu jeito e paixão pelo assunto, consegui transmitir uma técnica "chata" com a maior leveza possível. Depois, comecei a dar aulas em outros lugares, até que montei o meu próprio curso na Métricas Boss. Eu e meu sócio, Lucian Fialho, tínhamos três objetivos com esse empreendimento educacional: primeiro, serviria para eu desenvolver mais e mais a minha capacidade de comunicar, o que teria impacto positivo sobre todos os outros empreendimentos. Segundo, eu tinha plena confiança de que alguns dos alunos seriam clientes em potencial, já que não teriam tempo para executar eles mesmos o que foi ensinado. Por fim, que ocasião seria melhor do que uma sala de aula onde se ensina analytics para encontrar talentos na área?

Meus alunos eram profissionais da área e empresários que sentiam muita falta de entender o que de fato acontecia em seus negócios e em seus mercados de atuação. Como falamos, os dados são o petróleo moderno, e quem os ignora está deixando dinheiro na mesa. Cada dia que passa, mais empresários percebem isso.

Nas minhas aulas, sempre apelei para o humor e para técnicas que muitas vezes eram consideradas heterodoxas, como o uso de pegadinhas nos trabalhos que eu passava. Esse sempre foi um tipo de convite para que os alunos prestassem mais atenção nos dados que tinham diante de si. Mas logo os meus métodos passaram a ser tolhidos pela direção dos cursos onde eu trabalhava. Infelizmente, muitas vezes as pessoas focam mais o que é tradicional do que aquilo que efetivamente funciona nos dias de hoje. No fim, decidi que continuaria dando aulas apenas no meu próprio negócio, na Métricas Boss.

Confiei no meu método, que, sim, inicialmente, poderia causar certa frustração em algumas pessoas. Mas quando elas finalmente entendiam o que eu estava fazendo, tudo passava a fazer sentido. Eu realmente entendo a frustração de alguém que é induzido ao erro. Afinal, eu mesmo não gosto de errar. Mas era justamente induzindo meus alunos ao erro que eu os blindaria contra erros desnecessários no futuro.

Meu empreendimento como professor na Métrica Boss continuou crescendo até que, antes da pandemia, eu e o Lucian decidimos que era hora de investir em um produto online. A princípio, a nossa ideia era lançar apenas um curso, mas concordamos que pouco tempo depois alguma ideia nova surgiria e com ela a vontade de lançar um novo curso. Seria um trabalho irracional ficar lançando novos cursos o tempo inteiro como produtos independentes. Nesse contexto, Lucian teve uma sacada genial: em vez de lançar produto por produto, nós lançaríamos uma plataforma de cursos por assinatura em que qualquer curso futuro seria acrescentado a ela. Assim surgiu a Métricas Boss Prime.

Tudo que eu fiz até hoje me trouxe até esse ponto. Todos os empreendimentos que não deram certo e os empregos que me deixavam insatisfeito de alguma forma. Hoje, nós temos mais de trezentas horas de aula na nossa plataforma. Hoje, eu ensino algo que amo e trabalho para mim mesmo. Mais importante do que isso: eu trabalho com algo que funciona e faz a diferença no negócio das pessoas.

Quando comecei o blog, tinha tanta fé no projeto que julguei, desde o primeiro dia, ser melhor colocar outro rosto que não fosse o meu como a cara da empresa. Queria passar a ideia de uma empresa real, e não um simples site movido por uma pessoa sozinha. O escolhido para isso foi o Lucian. Tanto eu quanto ele tínhamos os nossos empregos e nos dedicávamos ao Métricas no período da madrugada, muitas vezes indo das 9h da noite às 3h da manhã.

Trabalhamos muito, até que eu, que nem sequer sabia vender serviços na época, enfim fechei o primeiro cliente. Não era sequer uma mensalidade, mas um pacote fechado. Aquele foi um momento de virada de chave nas nossas vidas. Tanto eu quanto o Lucian já havíamos tentado empreender múltiplas vezes e nunca conseguimos algo que fosse suficiente para o nosso sustento, sem depender de nenhum outro emprego. Decidimos que era hora de dar um salto de fé. O dinheiro do primeiro cliente era o bastante para nos sustentar com o mesmo salário que tínhamos na época pelos próximos seis meses.

Ali, paramos tudo mais que estávamos fazendo e mergulhamos de cabeça. Esse foi o verdadeiro nascimento da Métricas Boss. E esta foi outra grande lição para a minha vida: nada deu certo para mim enquanto eu não arrisquei de verdade. As coisas finalmente engataram no dia em que eu deixei de ter escolha: ou a minha empresa daria certo ou eu passaria fome, e meu sócio também.

Estar imerso no negócio, além de aumentar o volume de horas trabalhadas, aumenta também a vontade e a garra. A empresa passa a ser uma extensão de você, e, quando a sua empresa dá certo, é porque você está dando certo.

Em breve chegaria um ponto em que eu e o Lucian, sozinhos, atendíamos doze clientes. Já estava se tornando insustentável para uma equipe tão enxuta. O medo de contratar era real. Nesse momento, quase que por ironia do destino, recebi uma ligação do meu amigo Phil, que havia trabalhado comigo em uma daquelas agências.

Ele me ligou chorando em uma quinta-feira. Havia trabalhado até de madrugada na agência para que pudesse sair ao meio-dia na sexta, pois tinha uma viagem marcada. Quando estava prestes a sair, pediram que ele esperasse, pois seu chefe queria conversar. Fizeram ele esperar até as 3h da tarde, perdendo a viagem, para então demiti-lo. Não tiveram sequer a decência de fazer isso com agilidade e da forma mais indolor possível.

A família toda viajaria para a Argentina, e todos perderam a viagem por causa disso. Ele estava naturalmente consternado com a situação. Foi algo desumano. Eu pedi que ele se acalmasse um pouco e respirasse fundo. Phil havia me ligado direto do aeroporto, pouco depois de confirmar que perdeu o voo.

Ele fez o que eu pedi e nós retomamos a conversa. Eu disse para ele:

— Você começa a trabalhar na Métricas na segunda-feira.

O humor dele mudou imediatamente. Phil, não por acaso, era um dos funcionários que primeiro cogitei trazer para o negócio, mas ele já estava empregado. A demissão acabou sendo um mal que veio para o bem e num timing bem preciso.

Na segunda-feira, ele já estava trabalhando conosco, representando um passo importante para o crescimento da empresa. Phil não só foi nosso primeiro funcionário, estando junto desde o começo, como segue com a gente até hoje.

Eu tive chefes muito bons e chefes muito babacas, e o mesmo aconteceu com meu sócio. Desde o começo, então, eu decidi que tipo de chefe eu gostaria de ser, independente das circunstâncias.

2.
DADOS E MÉTRICAS JÁ FAZEM PARTE DA SUA VIDA

Métricas bem sucedidas são como lentes de aumento para os dados, destacando o que é importante e relevando os insights valiosos que impulsionam o crescimento

- Lucian Fialho

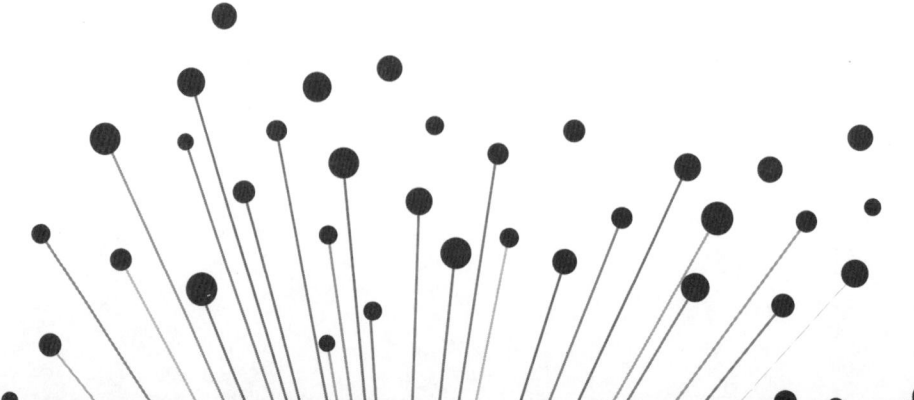

Métricas, meu amigo e minha amiga, têm tudo a ver com a sua e com a nossa vida, simplesmente porque nós já medimos as coisas o tempo inteiro. No nosso cotidiano, tomamos decisões baseadas em dados a todo instante. Só há um problema: no nosso dia a dia, é ainda mais comum que deixemos o nosso emocional, com todos os seus achismos, na rédea das nossas decisões. Na vida e nos negócios, decisões baseadas em sentimentos não costumam trazer resultados muito positivos.

Há um exemplo que eu sempre uso de como isso tudo se relaciona com as nossas vidas: a academia. Os macro-objetivos, quando nos matriculamos em uma academia e começamos a fazer exercícios, costumam ser um destes três:

1. Perder peso.

2. Hipertrofiar.

3. Desenvolver condicionamento físico.

Destes, o mais comum dos objetivos é o de emagrecimento. Então, vamos tomar como hipótese um indivíduo na primeira categoria de macro-objetivos.

Imagine que essa pessoa chega na academia e comunica ao personal trainer o que gostaria de conseguir naquele ambiente. Nesse contexto, qual é a primeira coisa que um personal faz? Ele tira as medidas da pessoa.

Um bom profissional transformará aquela pessoa em um conjunto de dados. Ela terá os músculos medidos, o peso, o percentual de massa magra, entre outras informações necessárias para a construção de um plano de ação.

Em cima das informações adquiridas com o novato na academia, o personal então montará uma série adequada não apenas para os objetivos da pessoa, mas às condições físicas atuais dela. Nesse cenário, o personal obedece aos seguintes passos.

1. Objetivo.

2. Aquisição de dados.

3. Estratégia.

Nessa fase do processo, um passo importante é a decisão do que será a métrica mais importante, o que chamamos de *the one metric that matters*. Essa é a métrica que lhe permitirá entender, de forma simples, prática e fácil, se o seu objetivo está sendo alcançado.

No caso da nossa cobaia, que acaba de chegar à academia, essa métrica é o peso. Então, a primeira definição que alguém nessa posição deve fazer é estabelecer com que frequência se pesará.

Depois que a cobaia se pesar nos momentos em que se comprometeu a fazê-lo, o personal finalmente deve se debruçar sobre os outros dados para averiguar como eles justificam a situação atual, seja de progresso, retrocesso ou estagnação.

Um exemplo prático: imagine que o nosso voluntário na academia pesa 100 quilogramas. Depois de uma semana fazendo as séries como o personal recomendou, chega o dia em que ele deve se pesar. Você lembra que o peso, nesse caso, é a única métrica que importa?

Ao final de uma semana, para o descontentamento do voluntário, o número que a balança acusa é o mesmo do primeiro dia. Ele continua pesando exatamente 100 quilos.

Então, o que deve ser feito nesse momento? Como eu falei, uma vez que temos em mãos o nosso dado mais importante, é hora de justificá-lo ou entendê-lo melhor, com base nas demais informações.

Nossa cobaia passa pelos demais processos de medição e descobre que a situação dele não era tão desanimadora quanto parecia a princípio. Sim, é verdade que ele continua com 100 quilos. No entanto, o que a balança não mostra para ele é que houve uma perda de gordura com ganho de massa magra. Em termos objetivos, o nosso voluntário não está menos pesado, mas está mais magro. O que foi feito nesse caso é pura análise de dados. Como você deve ter percebido, ela não é nada incomum.

Nós estabelecemos métricas, decidimos qual delas é o nosso KPI — o nosso indicador de performance, sobre o qual falaremos mais a fundo — e, com a ajuda do indicador, nós pensamos na estratégia — que, no caso do exemplo anterior, são as séries de exercícios. Esse modo de pensar está presente em nossas vidas, repito, o tempo inteiro.

E tudo isso é feito de forma cíclica, porque os objetivos mudam, evoluem. Uma vez que o rapaz do exemplo estiver magro, o objetivo dele possivelmente será a hipertrofia, isto é, o ganho de massa muscular. Com um objetivo diferente, ele precisará de um novo KPI e de uma nova estratégia.

Isso tudo está presente mesmo em uma atividade tão comum quanto frequentar a academia para cuidar da nossa saúde. E não precisamos ir mais longe para encontrar outros milhares de exemplos.

Se é assim, por que as pessoas temem tanto esse assunto? Somos levados a acreditar que a análise de dados e métricas é algo profundamente matemático, que envolve muitos cálculos e questões técnicas das mais incompreensíveis. O conceito de Métricas é apresentado para as pessoas como algo complexo e inalcançável.

O temor, é claro, felizmente não se justifica. Nós já fazemos isso, já usamos essas técnicas o tempo todo. Acontece que podemos usá-las de uma forma muito melhor, mais produtiva e otimizada, o que não necessariamente significa muito mais complexa.

Nós já vivemos com decisões baseadas em dados ou no que acreditamos que os dados dizem. Quando vamos ao médico, a primeira coisa que ele procura saber é o que estamos sentindo, o que está acontecendo com nosso corpo em um nível superficial, que é o das sensações e manifestações. Partindo desses dados, ele decide que exames nós precisamos fazer para conseguir dados ainda melhores.

Com os dados que os exames oferecem, então, ele cria uma estratégia para tratar esse problema da melhor forma possível, seja receitando um remédio, uma terapia, uma cirurgia ou uma mudança no estilo de vida.

Para que você perceba como as métricas fazem parte do nosso dia a dia, quero demonstrar o que estou falando com um último exemplo: você já parou para pensar que outro momento em que usamos métricas e dados nas nossas vidas é quando procuramos um novo lar?

Imagine um casal que tem um filho e acabou de descobrir que tem um segundo a caminho. A casa onde eles vivem, de repente, ameaça se tornar bem pequena. O marido fica responsável por escolher um novo lar. Um espaço maior, uma boa vizinhança, a distância da casa para uma boa escola, a segurança geral do bairro, todas essas métricas são levadas em consideração. No meio de todos esses parâmetros, no entanto, existe um que se destaca, uma métrica que importa mais. O casal terá um novo filho e precisa de uma casa que tenha três quartos.

Qual a estratégia para encontrar essa casa ou apartamento? Hoje em dia, felizmente isso tende a ser bem simples. O marido entra em um desses sites especializados em imóveis e ativa o filtro referente a quantidade de quartos. Assim, todos os apartamentos com menos de três dormitórios nem sequer aparecem como opção.

Partindo desse momento, o marido tem uma variedade de opções que obedecem a um indicador mais importante, que são lugares onde, em tese, cada filho teria um quarto. Depois que isso é assegurado, agora, sim, ele pode olhar todo o resto. Isso significa que as outras métricas não são, de modo algum, desprezadas, apenas avaliadas conforme seu devido lugar nessa hierarquia de prioridades.

Diante desses três exemplos cotidianos, que provam que os dados fazem parte da nossa vida o tempo todo, uma pergunta que eu sempre faço para as pessoas é: se sempre que tomamos decisões minimamente importantes o fazemos baseados em dados, então por que, quando vamos fazer um investimento ou analisar o nosso negócio, tratamos de forma diferente?

Dados são importantes, mas mais importantes são as métricas para analisá-los. Sem isso, como saber o que temos em mãos, se os resultados estão como gostaríamos, se mudaram ou se estão estagnados? As métricas são a forma pela qual nós nos guiamos no mundo. Nós podemos, por exemplo, saber o que é uma hemoglobina, uma tireoide. Talvez, com a ajuda do Google, essas informações não nos pareçam tão complicadas, mas, no momento em que alguma coisa no nosso corpo foge do desejado, os dados e as informações brutas por si só param de nos servir. Procuramos um profissional que tenha as métricas adequadas para lidar com essas informações e que, partindo delas, consiga criar uma estratégia para melhorar o quadro.

Do mesmo modo, não adianta muita coisa se não sabemos o que as métricas que temos em mãos querem dizer. Ainda que as informações estejam todas bem dispostas, o que fazemos com elas?

A primeira coisa que precisamos saber, portanto, é o que a métrica diz e o que ela mede, para que possamos saber como interpretá-la e transformá-la em uma decisão acertada. Eu sempre digo: pior do que não tomar decisões baseadas em dados é tomar decisões em cima de dados errados.

Este livro está sendo escrito em 2023, e posso assegurar ao leitor que não existem mais posições relevantes no mercado para quem não sabe métricas — e não existirão no futuro. As empresas que não levam esse tema em consideração sofrem uma séria desvantagem em comparação com as que levam. Na física, nós aprendemos que toda ação tem uma reação, e o marketing mostra que as reações precisam sempre ser medidas. A beleza da nossa época é que, quando falamos de Digital, falamos de um meio em que absolutamente tudo pode ser mensurado.

Até poucos anos atrás, os times de marketing colocavam os famosos outdoors de frente para avenidas movimentadas. E quando a publicidade dependia apenas desse meio, o que se poderia saber das pessoas que passavam diante dos anúncios? Com a tecnologia, agora nós temos o poder de decidir de forma detalhada para quem os nossos anúncios são exibidos. Ainda mais revolucionário do que isso, temos o poder de entender como cada grupo de pessoas se comporta diante de nossas ofertas.

Como se isso não bastasse, a tecnologia não exige que você seja um gênio ou um expert em números. Tudo é feito por você e sua equipe de uma forma simples, de modo que alguém completamente alheio à área de exatas possa entender e tomar decisões acertadas com base no que vê. O que não significa, é claro, que se trata de algo que não exija de nós muito estudo e aprofundamento.

Por isso escrevi este livro.

Vivemos em uma era na qual a briga por dados é cada vez maior. Pessoas roubam dados, empresas deixam dados importantíssimos vazarem e todo mundo diz que é data driven (quando, na verdade, não é).

Nos dias de hoje, é inviável uma empresa, seja do universo digital ou não, trabalhar sem analisar dados. É um caminho certo para a falência. Este livro, no entanto, não tem como objetivo ser técnico a respeito de análise de dados, e sim um livro de negócios. Aqui, vou te ensinar quais são as métricas importantes para o seu dia a dia; as métricas que vão te ajudar a analisar suas vendas, seu marketing, seu site, suas redes sociais e suas estratégias online.

3. ANSIEDADE E ANÁLISE DE DADOS

Não existe mais espaço no mercado de digital para o profissional que não quer entender sobre dados
- Gustavo Esteves

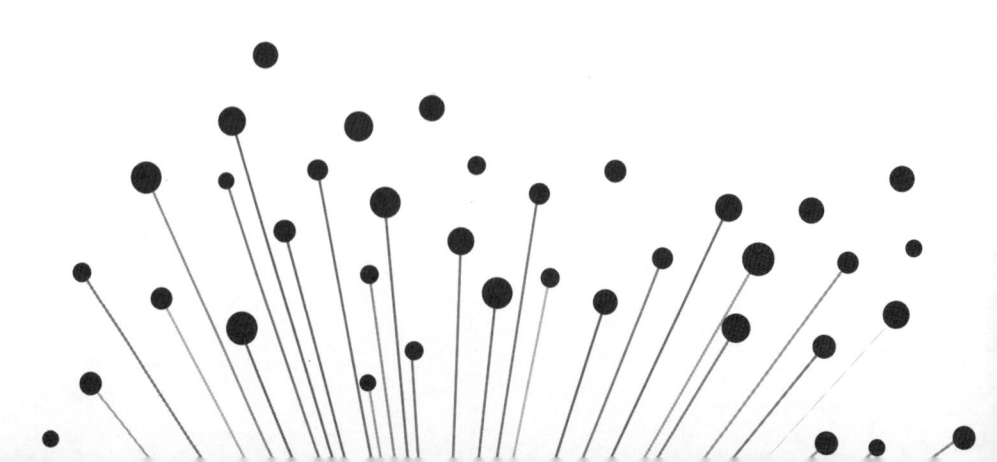

Como falei anteriormente, a maior riqueza do mundo dos dados está na capacidade de utilizá-los de forma analítica, pois é a partir disso que você será capaz de fazer descobertas, criar hipóteses e desenvolver melhorias para os seus negócios.

A variedade de dados é gigantesca, e o seu desafio, a partir de agora, é saber como fazer um bom uso de todas as informações que estão à sua disposição.

Para começar a te preparar para interpretar dados, é importante que você entenda algumas coisas. Na vida e no mundo das métricas, uma das piores coisas que existem é a ansiedade.

Imagine que um livro é publicado. O autor ouve da editora que, em geral, leva pelo menos seis meses para as vendas de um livro pegarem alguma tração. É possível tomar decisões muito equivocadas simplesmente por não esperar o acúmulo razoável de dados que ajudem a entender se uma determinada escolha faz, ou não, sentido.

No nosso exemplo, desconsiderando as explicações da editora, o autor, digamos que seja eu mesmo, poderia concluir ao cabo de um mês que o projeto inteiro foi um fracasso. São as emoções humanas entrando num terreno que deveria ser científico e racional.

É muito possível, por exemplo, que nesse primeiro mês os dados disponíveis nem sequer mostrem as vendas que foram feitas em outros estados — vendas que já aconteceram e simplesmente demoram mais tempo para serem contabilizadas. Entende quão perigoso é deixar as emoções interferirem quando se fala em análise de dados?

Outra situação que explica bem o que estou tentando te passar é a criação de um blog. Imagine que você cria um blog, o qual, no primeiro mês, recebe 50 acessos e, no segundo mês, apresenta uma pequena melhora, saltando para 65 acessos. No terceiro mês, o blog tem um salto considerável, atingindo 200 acessos. Pense que, nessa situação, você não está fazendo absolutamente nada além de escrever.

Depois do terceiro mês, no entanto, o seu blog cai na estagnação, e os resultados não superam os 200 acessos pelos meses seguintes. Seria muito fácil, se fosse leigo, concluir que o negócio não está dando certo.

Assim, em poucos meses, sem qualquer estratégia, sem que você tentasse entender quais artigos performaram melhor e o porquê, provavelmente você simplesmente desistiria. Afinal, é sempre possível que as nossas emoções trabalhem contra o sucesso dos nossos projetos.

Posso oferecer um exemplo real dessa questão no meu negócio. Na Métricas Boss, nós temos um podcast. Nós começamos, paramos, depois retomamos o programa que deveria ser quinzenal. Isso ocorreu várias vezes. As emoções, nesses casos, começam a influenciar as decisões com bastante força.

O podcast custa dinheiro e dá um trabalho enorme — e para quê, no final das contas? Bem, os resultados, nas circunstâncias e na frequência com que produzimos esse produto, não poderiam ser os melhores do mundo. Quando o esforço colocado é muito grande e os resultados ficam aquém do que gostaríamos, o resultado natural é a frustração — e é partindo dessas frustrações que corremos o risco de tomar as piores decisões possíveis.

Coloquemos o problema assim: o podcast não está sendo ouvido. Quando pensamos com o mínimo de calma, os motivos para isso se tornam mais do que óbvios. É muito improvável, especialmente hoje em dia, que um conteúdo seja ventilado pelas plataformas de podcasting para uma audiência considerável sem o esforço devido da nossa parte, ainda mais quando estamos falando de um conteúdo técnico, que serve a um nicho específico.

Na hipótese do podcast, a ação clara a se tomar é a criação de uma estratégia para captação de novos ouvintes. Não existe varinha de condão nesta etapa. Nesse exemplo, uma estratégia que poderia funcionar seria colocar esse mesmo podcast, em vídeo, no YouTube, assim o conteúdo ganharia todo um novo potencial de tração.

Quando levei para meus colegas de profissão a questão do podcast, recebi um retorno surpreendente. Na verdade, segundo eles, os resultados que estávamos conseguindo eram ótimos para o meu nicho. Eu mesmo não havia pensado, mesmo tendo consciência de que produzo conteúdo para um grupo restrito de pessoas.

Mesmo assim, decidimos levar o podcast para o YouTube e o resultado foi que cada episódio passou a ter pelo menos 5 mil visualizações. No fim, a minha teoria estava certa.

Cabia a mim tomar ações cabíveis, simplesmente porque nada acontece por mágica no digital.

Se eu tivesse tomado uma decisão final antes de levar meu podcast para o YouTube, seria uma decisão em cima de dados que não estavam maturados. Poderíamos ter tomado a decisão errada de acabar com um podcast que viria a funcionar muito bem pouco tempo depois, com os devidos ajustes.

Como eu disse anteriormente, o tempo é um fator determinante por si só. No caso dos podcasts, eu viria a descobrir, inclusive, algo que não te dizem em qualquer lugar: certos públicos tendem a ouvir episódios que foram lançados há meses, talvez por aguardarem a qualidade daquele conteúdo ser comprovada pelo tempo e por mais espectadores. Desse modo, um episódio lançado hoje pode demorar bastante para atingir uma audiência relevante no Spotify e em outras plataformas, mas isso não é motivo para desistência. Eventualmente, de acordo com o comportamento do seu público, ele pode, sim, crescer. Mas isso só será descoberto através de testes e da análise dos dados obtidos.

4. ANÁLISE DE DADOS E SEUS SEGMENTOS

Dados é o que você precisa para fazer análises. Informação é o que você precisa para fazer negócios
- John Owen

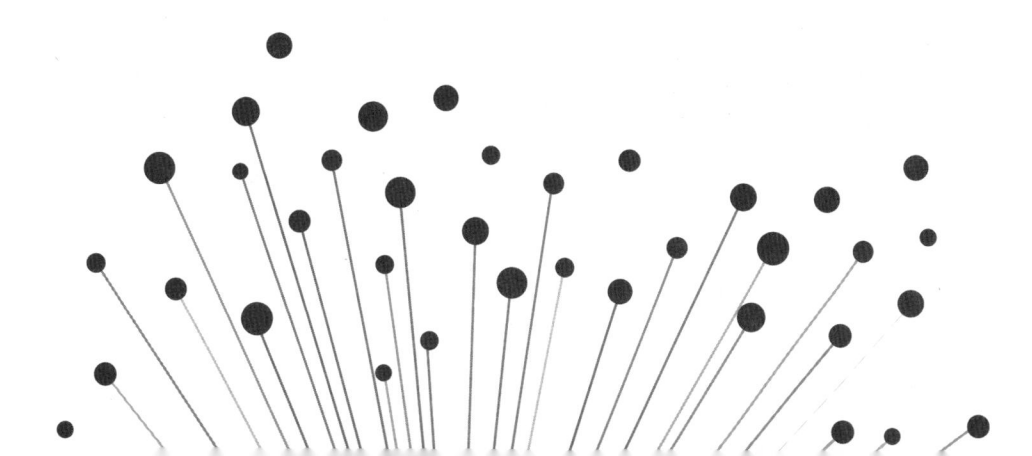

Outro ponto importante que você deve ter em mente é que, quando a gente fala em análise de dados, existem diferentes segmentos com focos bastante diferentes de atuação. Infelizmente, as pessoas não entendem as diferenças entre as áreas, acreditam que precisam ter skills que não são necessárias e se frustram antes mesmo de entender as ferramentas. E isso tem tudo a ver com ansiedade de dados.

Imagino que você já tenha ouvido falar sobre Digital Analytics, Ciência de Dados, Business Intelligence e Big Data, por exemplo. Como hoje em dia só se fala em dados, muitas pessoas têm confundido esses conceitos e os papéis de cada uma dessas áreas.

A confusão no mercado é real, com diversos profissionais sem entendimento sobre a diferença entre um cientista de dados e um cientista de Analytics, sendo que ambos têm focos bastante diferentes, por exemplo, do profissional de BI.

Existem muitas cadeiras no mundo dos dados, e embora elas sejam vizinhas umas das outras, são bem diferentes. É comum conversar com um profissional de Analytics e ver que ele não sabe nada de Python ou Machine Learning, por exemplo, já que esta é a praia do cientista de dados. Por outro lado, se eu converso com um cientista de dados sobre taxa de rejeição, ele não fará a menor ideia do que eu estou falando, porque não diz respeito a ele.

Existe uma grande mentira no mercado que anuncia a morte do profissional de Analytics e de BI e alega uma suposta substituição desses pelo cientista de dados. Não faz o menor sentido. Eu, como profissional de Analytics, não tenho o menor intuito de ser um cientista de dados.

O mercado está cheio dessas confusões. É comum, por exemplo, que em uma agência haja um setor chamado de BI, Business Intelligence, no qual muitas vezes não estão fazendo BI de verdade, e muito menos analytics.

Fazer relatórios em PDF ou PPT não é BI. Business Intelligence é aquilo que mexe com o negócio diretamente, não apenas com a parte digital. BI é, por exemplo, avaliar se a compra antecipada de um estoque impacta positivamente as margens de lucro e outras questões mais macro da empresa.

Ou seja, relatórios de acesso a sites não é BI, e uma agência que cai nessa confusão está numa posição bem problemática. O quanto nós ajudamos, de fato, os nossos clientes, se caímos em erros tão banais? Quem cria relatórios em PDFs ou PowerPoints sob o nome de BI não tem Business nem Intelligence.

Nessa "pirâmide"', também temos o famoso Big Data, que se refere a um gigantesco conjunto de dados que podem ser utilizados para resolver situações de alta complexidade, e por isso muitas vezes está ligado à saúde pública, cidades, governos e grandes corporações. É o Big Data que vai ajudar a entender, por exemplo, que, se não limparmos a Baía de Guanabara em quinze anos, ficaremos sem água potável no Rio de Janeiro. Esse resultado foi obtido por meio de análise preditiva; o volume de dados é tão exorbitante que se torna capaz de prever o que vai acontecer caso determinada situação continue de determinada maneira, possibilitando tomadas de decisão de grande impacto.

Por fim, temos a Ciência de Dados, que é uma subárea da Inteligência Artificial que tem foco em criar e analisar dados que ajudam a prever cenários, medi-los através de técnicas estatísticas e matemáticas e reuni-los para ter algum tipo de ciência por trás disso. Nesse caso, a matemática, a estatística e o Machine Learning (ou aprendizado de máquina) são combinados para utilizar dados sociais, econômicos e financeiros, por exemplo, para obter informações mais concretas sobre o mercado.

Como você pode ver, essas quatro áreas não são concorrentes, tampouco significam a mesma coisa. E o que mais vejo hoje em dia são pessoas achando que para saberem Analytics precisam se tornar cientistas de dados.

De fato, todas essas cadeiras são responsáveis por analisar dados, mas a diferença está em seu foco e complexidade de problema ao qual elas pretendem resolver. Em outras palavras, todas essas técnicas ou ciências existem em paralelo e, muitas vezes, trabalham juntas, mas não são de modo algum a mesma coisa. Saber disso é vital para dominar de verdade qualquer um desses ofícios.

Em todas, o cerne da questão são os dados e a busca por estabelecer correlações, causalidade e tomar decisões. Isso acontece nessas quatro esferas, mas quando falo de digital, de aplicativos, sites, e-commerce, campanhas de marketing digital, estamos nos referindo exclusivamente a Digital Analytics, que é o tema deste livro.

5. OBJETIVO, MÉTRICAS, KPI E ESTRATÉGIA

Marketing sem dados é igual a dirigir de olhos fechados
– Dan Zarella

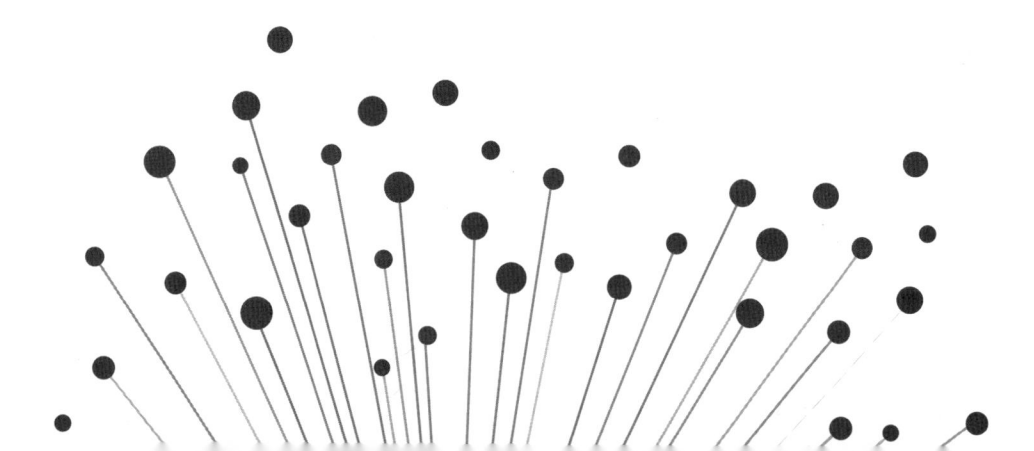

Nos negócios e no marketing, é muito comum que as pessoas coloquem o carro na frente dos bois. A confusão é certa quando um time passa direto para a estratégia de vendas. O perfil mais equivocado que existe no mercado digital hoje em dia são as pessoas que pensam em estratégia com um único objetivo em mente: vender, apenas.

O problema é que entre o ponto de partida e a venda, em qualquer negócio minimamente complexo, existe toda uma gama de ações a serem tomadas que, para serem bem-sucedidas, não podem ter como objetivo simplesmente "vender". Quando você escreve um artigo para o seu blog, a expectativa mais razoável é que esse artigo traga visitas para o seu site. A venda, se vier a acontecer, será apenas após o seu visitante, que muitas vezes não faz a mínima ideia de quem você é, passar por um longo funil até decidir comprar o seu produto ou serviço.

É algo simples, mas ter clareza sobre isso é absolutamente essencial. Um sinal de que as coisas não vão nada bem em uma empresa é quando eu pergunto: "para que isso está sendo feito?", e os responsáveis simplesmente não sabem me dar uma resposta além daquela que eu já mencionei: "vender". Basta a pessoa pensar em dizer isso em voz alta para que fique claro que algumas etapas foram puladas no processo.

Se escrevemos um artigo ou fazemos uma postagem no Instagram, temos ou devemos ter objetivos específicos para essas ações. Seja aumentar o engajamento, se inscrever em uma newsletter ou fazer com que baixem nosso e-book, sempre há um resultado direto relacionado com uma ação e devemos ter toda a clareza possível sobre ele.

Objetivos são tudo aquilo que queremos conquistar ao longo dos nossos processos. Quem define são os proprietários da empresa ou aqueles que foram encarregados por eles. No fim, isso não é tão complicado.

As métricas são justamente os mecanismos que usamos para medir esses objetivos. É importante ter clareza, no entanto, de que nem toda métrica é um KPI.

Existem inúmeras métricas e elas são, em suma, números, mas nem todos esses números serão indicadores-chave de performance, que te ajudam a entender se você está conquistando ou não seus objetivos. Daí vem a importância de separarmos os KPIs das métricas de suporte.

Já dei o exemplo do objetivo de emagrecimento em uma academia, onde existem várias métricas que você e um personal podem analisar: percentual de gordura, peso, índice de massa magra, tamanho do bíceps e mais uma quantidade de outros fatores a serem observados. O mesmo vale para os empreendimentos e para o marketing.

Se o objetivo é emagrecimento, dentre todos os fatores citados e não citados, um é o mais importante. Apenas uma dessas métricas é o indicador-chave de performance. Nesse caso, o peso. Se você quer emagrecer, invariavelmente é o peso que medirá isso da melhor maneira possível. O peso é o seu KPI.

Infelizmente, na nossa hipótese e na realidade, muitas vezes esse objetivo, o de diminuir o peso, não é alcançado. Se isso não está acontecendo, o que nos ajuda a entender por que a meta não foi batida? Essas são as métricas de suporte.

Entender a diferença entre um KPI e uma métrica de suporte é essencial. Com essa distinção feita, agora podemos analisar os dados e decidir o que devemos fazer a respeito em um nível profundo. Podemos, enfim, montar uma estratégia.

Veja só: nós estamos lidando aqui com múltiplos mecanismos que não são apenas úteis, mas essenciais. Sem a devida implementação deles em um projeto, o que resta é a sorte, ou pior, a sorte de um cego que atravessa uma avenida movimentada. Esse cenário claramente não é ideal e, como mencionei antes, as confusões possíveis, ou até mesmo prováveis, são inúmeras.

Não criar uma estratégia, não estabelecer objetivos, escolher as métricas erradas, tudo isso é uma ameaça para qualquer empreendimento. Muitas vezes somos tentados a olhar várias métricas, quando deveríamos, por exemplo, olhar apenas para uma e só depois escolher métricas de suporte para apoiar a principal.

É bom enfatizar: é muito comum que as pessoas não saibam responder qual o objetivo de um projeto. Elas acreditam que sabem, mas não sabem.

Tomemos como exemplo novamente a publicação de um livro. Uma explicação simplista e sem sentido seria dizer que nosso objetivo com a publicação de um livro é que as pessoas o leiam. Isso é evidente.

Também seria igualmente inútil dizer que o objetivo do livro é transmitir uma mensagem; se alguém fala isso, posso concordar que estamos mais próximos de uma boa resposta, mas ainda não chegamos lá.

Lançar um livro apenas por lançar não é apenas uma irracionalidade, é uma oportunidade desperdiçada e também um exemplo de falta de clareza sobre as verdadeiras motivações de uma determinada ação. Existem muitos objetivos possíveis, razoáveis e específicos para a publicação de um livro, como:

- Um livro pode ser usado como meio de aumentar a autoridade de um especialista.

- Um livro pode servir como showcase de um serviço que você presta.

- Ele pode servir para gerar awareness sobre uma determinada causa de importância para você.

E por aí vai.

Toda ação precisa ter por trás um objetivo e uma métrica que se torne um KPI e permita que os resultados sejam mensurados, além das métricas de suporte que ajudam a entender por que o objetivo foi ou não alcançado.

A maioria dos clientes que chegam até mim, assim como meus alunos, não faz ideia de como isso tudo funciona e do quão importante todo esse processo é.

Um exemplo de como isso tudo é implementado na prática é o que a Métrica Boss está fazendo enquanto este livro é escrito: a maior pesquisa sobre marketing com dados já feita neste país. Veja, mesmo na forma como eu comunico o que estamos fazendo, a nossa intenção já aparece. Temos dois objetivos:

1. O mais óbvio: coletar os dados sobre uma questão específica.

2. Menos óbvio, mas não menos importante: gerar autoridade para a minha empresa no próprio ato da pesquisa.

Nós sabemos muito bem o que estamos fazendo e não damos nenhum ponto sem nó. Uma pesquisa dessas chama atenção e, no nosso mercado, atenção é uma das melhores formas de retorno que podemos receber. No entanto, falta ainda uma parte importante do processo, você lembra qual é?

Fora o objetivo (ou os objetivos), precisamos de um KPI. Como eu sei que deu tudo certo com esse empreendimento? Como nós vamos medir isso? Para nós, esse ponto também é claro.

O sucesso em reconhecimento da nossa marca será medido pela quantidade de menções que a Métrica Boss receber com base nessa empreitada. De novo: nenhum ponto sem nó.

É muito comum que se gaste esforço e energia com tarefas e demandas que não tem nada a ver com os nossos objetivos. Esses mecanismos foram criados justamente para proteger desse problema qualquer empreendimento.

6. TIMING E SENSO DE PRIORIDADE PARA OS PROJETOS

Há sempre a tentação de misturar de forma dispersa e caótica todas as ideias que temos para a nossa empresa em um mesmo projeto. Isso é um erro perigoso. É vital que se consiga entender quando é o momento certo para a implementação de uma ideia. Muitas vezes ainda não é a hora de começar aquele projeto que você tanto gostaria e anseia para dar o primeiro passo.

Na nossa empresa, nós não jogamos nenhuma ideia boa fora. A cada três meses nos reunimos e decidimos o que deve ser feito *agora*. De reunião em reunião, eventualmente sempre chega a hora de aproveitar alguma coisa brilhante que surgiu meses e meses antes. Nada se perde.

Em junho de 2021, por exemplo, nós lançamos um evento chamado Analytics Summit e, por incrível que pareça, essa ideia existia desde 2017. O motivo para termos demorado tanto tempo é óbvio: quem era a Métricas Boss em 2017 para ousar lançar um evento dessa dimensão? Nós não conseguiríamos patrocinadores, palestrantes e o número de espectadores ficaria aquém do que o necessário para que o esforço valesse a pena. Não tínhamos nome no mercado para isso. Simplesmente estava fora da nossa alçada, mas nós sabíamos que o dia chegaria. Esperamos pacientemente e a hora chegou. Em 2021, nós já éramos autoridade no mercado, e o evento foi lançado.

Estávamos subindo um degrau e entendendo que não basta que se saiba o que fazer dentro de um determinado projeto, mas quando encaixá-lo na timeline de uma empresa.

Outro exemplo interessante para esse ponto foi o e-book no qual listamos cinquenta profissionais de métricas de Analytics que vale a pena acompanhar. O nosso objetivo era fomentar o networking com esses profissionais e, simultaneamente, aumentar a autoridade da Métricas Boss no mercado.

Como medimos o sucesso desse empreendimento? Pelo número de downloads e menções de agradecimento. Essa parte é mais fácil. Mas como medimos o sucesso na parte do networking, que é algo mais abstrato? A nossa solução foi a mais prática possível: a frequência com que esses profissionais de renome aceitam participar do nosso podcast ou lecionar nos nossos cursos. Nós sabemos por que estamos fazendo, e sabemos como avaliar se o projeto deu certo ou errado.

É tudo uma questão de fazer as perguntas certas. Qual o nosso objetivo? Como sabemos ao certo que o atingimos? O que vamos fazer para chegar até esse ponto? De que modo vamos avaliar se estamos chegando ou, caso algo dê errado, por que não chegamos? Os quatro mecanismos deste capítulo respondem a todas essas questões.

Tudo isso deve ser feito, é claro, dentro de um momento adequado para cada projeto, sabendo quais ideias estão maduras o suficiente, quais fazem sentido para o momento do seu empreendimento e quais devem ser guardadas para um momento mais oportuno.

Tudo o que fizemos na Métrica Boss pode ser descrito de acordo com esses conceitos. O Métricas Boss Prime, por exemplo, foi concebido em 2018, mas ainda não era o momento de lançar esse produto naquela época. Queríamos lançar, para começo de história, de forma que funcionasse e que também fosse a melhor possível para o nosso mercado. O projeto então foi engavetado até que se tornasse oportuno lançá-lo.

Outro exemplo da Métrica Boss: em 2022, lançamos uma imersão presencial chamada Anti-achismo Social Club. Para esse projeto, estabelecemos três objetivos.

Primeiro, mais uma vez fomentar e estabelecer nossa autoridade no mercado. Não existe ninguém mais fazendo uma imersão desse tipo no Brasil.

Segundo, nós queremos levantar fundos. Somos uma empresa e obviamente precisamos de capital para crescermos e colocarmos mais projetos em jogo.

O terceiro e não menos importante motivo é a geração de awareness. Na nossa imersão, apesar da profundidade do conteúdo, absolutamente tudo tem uma qualidade instagramável. Todo o design do evento é pensado para incentivar as pessoas a compartilharem o tempo inteiro. A imersão tem um forte ar de exclusividade e os compartilhamentos vão aumentar, sem dúvidas, a demanda para a imersão seguinte.

Autoridade, receita e awareness. Nós nunca desperdiçamos uma gota de suor sem saber exatamente o que queremos com isso. Eu sou contra desperdiçar energia. Saber o que queremos com um projeto é libertador, e os objetivos eliminam qualquer necessidade de trabalhar em algo que não te aproxima deles.

Saindo do meu próprio negócio, não raramente eu encontro em outras empresas a seguinte problemática: o cliente quer fazer uma campanha, investindo dinheiro no Google ou no Facebook. Nós perguntamos então qual o objetivo dele com essa campanha e recebemos uma resposta clara: o reconhecimento da marca. Então nós começamos o trabalho e investimos, digamos, 50 mil reais em awareness.

Como se mede awareness? O número de pessoas alcançadas ou de visitas em um site, a depender da campanha, são KPIs válidos. Com o dinheiro investido, voltamos ao cliente e mostramos os resultados. O cliente então retorna com uma pergunta: "certo, mas o quanto isso gerou em vendas?".

Você consegue perceber de imediato o problema? Faltou ao cliente entender algo essencial: se o objetivo estabelecido é awareness, então a estratégia é voltada para expandir a consciência da marca entre o público. Os meios utilizados são específicos para isso. Se o objetivo do cliente era fazer vendas, então toda a campanha deveria ter sido estruturada para esse fim desde o começo.

Se isso acontece com negócios com os quais nós trabalhamos, quão mais problemático pode ser essa falta de clareza dentro de uma empresa onde não existe ninguém para apontar onde o erro foi cometido?

As estratégias, naturalmente, variam muito de acordo com os objetivos. As pessoas acreditam que toda campanha deve vender imediatamente. Isso passa longe de como o marketing funciona na prática.

Há algo chamado Jornada do Cliente. Existem pessoas que estão dispostas a comprar de você imediatamente, mas a maioria delas precisa passar por esse processo. Em alguns casos, por exemplo, é necessário primeiro estabelecer parâmetros básicos com o cliente em potencial, mostrar a ele que há um problema e que esse problema tem solução.

O cliente moderno, mais do que nunca, quer saber quem você é. Ele precisa de um mínimo de confiança antes de comprometer tempo e dinheiro com algum produto ou serviço que você oferece.

A depender da complexidade de um produto ou serviço, existe toda uma cadeia importante de ações que levam o cliente em potencial de um ponto de "ignorância" até o momento em que ele entende que o seu negócio é a melhor solução para o problema que ele tem. Um blog, por exemplo, é uma ótima ferramenta para aumentar a consciência do seu cliente sobre o que você oferece, como funciona a entrega e quais benefícios particulares essa pessoa teria em fazer negócios com você especificamente.

Existe um método de vendas que descreve exatamente esse processo, o *See, Think, Do, Care*, criado por Avinash Kaushik, que é um grande especialista da nossa área.

Na parte **See** (ver), o cliente entra em contato com a marca. Esse contato é resultado de um esforço específico para colocar o seu negócio diante dos olhos de um comprador em potencial.

Na parte **Think** (pensar), através do seu conteúdo e do seu relacionamento com essa pessoa, ela começa a ponderar sobre a importância do seu produto. Ela entende o que você faz e passa a considerar a possibilidade da compra ou contratação.

Na parte **Do** (fazer), já estamos falando de uma ação de compra específica. Depois de entender por que a pessoa precisa do que você oferece, como seria beneficiada pelo seu produto ou serviço e por que você é a melhor opção do mercado, agora ela pode efetivar isso através de uma transação financeira.

Na última parte desse processo, **Care** (cuidar), é quando o lead já se tornou o seu cliente de fato. Neste momento, o seu esforço se volta para fazer aquilo que é devido: deixar o cliente feliz e satisfeito com a decisão de ter fechado negócio com você.

Existe um caminho a ser trilhado pelo seu comprador, e ignorar isso serve apenas para diminuir consideravelmente o volume de pessoas que podem ser convertidas em clientes. Infelizmente, a maioria dos esforços de marketing se dá apenas buscando a última parte do processo de vendas. Isso pode funcionar, é claro, mas nem de longe tanto quanto poderia.

Eu também entendo a perspectiva das empresas pequenas sobre essa questão: investir 30 mil reais por mês durante dois meses sem um retorno imediato é invariavelmente frustrante. No entanto, são as regras do jogo. Quem pode arcar com elas vence no final. Grandes resultados exigem um grande esforço e uma paciência ainda maior.

Em alguns casos, é válido implementar mais de uma estratégia ao mesmo tempo. Por exemplo, uma estratégia de venda direta e outra voltada para expandir a consciência da marca. Tudo isso é válido, basta apenas que se tenha a mais absoluta clareza sobre os objetivos de cada estratégia implementada.

Nesse caso, a atenção deve ser redobrada, pois misturar as estratégias pode ser fatal. Se você investe para levar as pessoas para um blog, o objetivo é levar as pessoas para um blog. No blog, o usuário consome os conteúdos disponíveis e, portanto, a compra vem em uma fase seguinte do processo. Esperar vendas de uma ação desse tipo não é apenas inconsistente; beira a loucura.

O esforço de atração para o blog é completamente distinto do esforço de conversão das pessoas que são atraídas para ele e deve ser tratado como tal. Em um cenário perfeito, que nem sempre é possível, até mesmo os profissionais responsáveis por essas duas estratégias são diferentes. Se não são, a pessoa responsável por tudo deve tocar os dois esforços como aquilo que são: dialogáveis e complementares, Você pode perceber, a essa altura, o tema comum que tende a permear este livro até o final: clareza. A ausência de clareza sobre o que estamos fazendo e o porquê de estarmos fazendo é, se não a fonte de todo mal em um negócio, a fonte de maior parte dele.

7. MENSURAR TUDO NÃO É O CAMINHO

Mensurar tudo é um ato preguiçoso de quem não sabe o que quer
- Gustavo Esteves

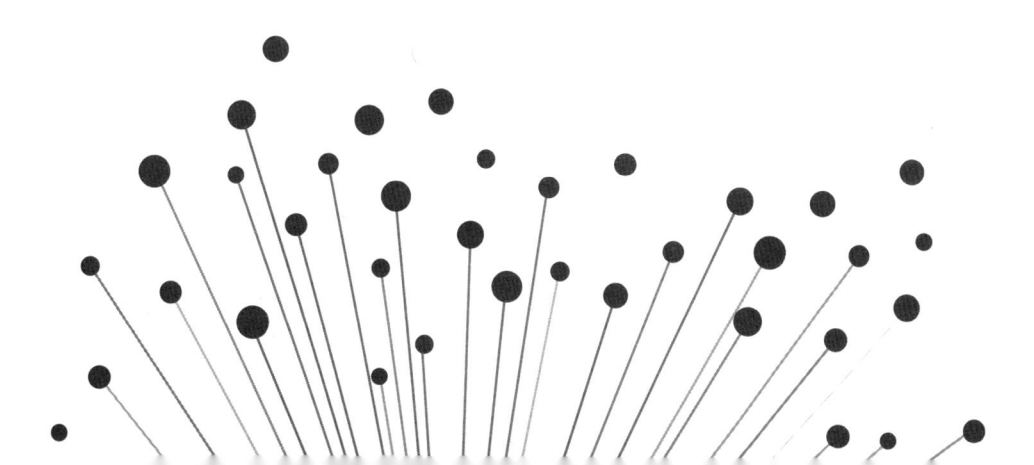

Preocupadas com dados, as pessoas passaram a querer metrificar tudo o que acontece na Jornada do Cliente e, como resultado, mais uma vez caímos na história da ansiedade de dados. Afinal, de fato, é extremamente angustiante olhar planilhas e planilhas com números e informações diversas sem focar no que realmente importa. Por isso, a regra é clara: você precisa saber o que quer, o seu objetivo, e não sair metrificando tudo.

Ao longo da minha trajetória, cansei de ver empresas metrificando absolutamente tudo, fazendo não só com que as pessoas ficassem perdidas, mas também inflando as ferramentas e pagando pelo seu uso de forma desnecessária.

Nesse sentido, a primeira pergunta que você deve responder, antes de querer mensurar tudo, é: por que eu estou medindo isso? Se não souber responder a essa pergunta, você não fará nada com esses dados. Para te guiar por um caminho produtivo e inteligente, separei três sinais de alerta para a ansiedade de dados:

1. Você não pensa no que quer medir, e quem mede tudo acaba não medindo nada.

2. Você abre uma ferramenta ou um relatório e se sente perdido frente a ele.

3. Você precisa pagar uma ferramenta porque está ultrapassando os limites de dados e não trabalha em uma big company.

Se você se identificou com alguma dessas situações, há alguma coisa errada. Por isso, vou te dar uma tarefa simples, mas que vai te ajudar a organizar melhor as suas reais necessidades.

Abra a sua ferramenta de dados e veja o que você está conseguindo interpretar de informação e o que está fazendo com esses dados. Se esses dados não forem importantes, não gerarem insights para o negócio, pare de consumi-los. O que você precisa ter em mente é que, se os dados não forem transformados em decisão, você apenas perdeu tempo e dinheiro.

Certa vez, um dos clientes da Métrica Boss pediu auditoria, porque teria que gastar 500 mil reais para contratar uma ferramenta. Investigando quais dados estavam ultrapassando o limite da conta, conversamos com algumas pessoas que trabalhavam lá. A primeira pergunta que fiz foi: "por que você coleta esses dados?". A pessoa disse que nem sequer sabia que aquelas informações eram coletadas. Na sequência, questionamos o que ela fazia com esses dados. E a pessoa respondeu que aquelas informações não eram relevantes. Paramos de coletar aqueles dados e, como consequência, a empresa, que antes coletava 12 milhões de dados por mês, passou a coletar 3 milhões, economizando os 500 mil reais mencionados.

O que quero dizer é que existem inúmeras métricas para serem analisadas, mas, para não cair no erro da maioria das pessoas, você precisa trabalhar com foco. Para isso, existem duas metodologias que podem contribuir para o seu avanço no mundo dos dados.

METODOLOGIA SMART

Ao longo de todos esses anos, percebi que as pessoas costumam cometer três erros: ou atuam sem um objetivo claro, ou não criam estratégias, ou analisam as métricas erradas.

Em relação aos objetivos, é preciso tomar o cuidado importante de deixá-los explícitos para todos. Apesar de parecer óbvio, é bastante comum que uma pessoa entenda que o objetivo de uma campanha online é gerar mais vendas, enquanto o outro entende que deve alcançar novas pessoas.

Outro erro comum é não detalhar o objetivo. Ou seja, não dizer exatamente o que se quer alcançar. Se o objetivo é, por exemplo, gerar leads, você precisa ter claro quantos leads são necessários para atingir os resultados esperados. Para te ajudar nisso, vou ensinar uma metodologia de fácil compreensão e que vai evitar que você cometa esses erros.

As metas SMART são uma metodologia que vem ajudando empresas na definição de objetivos inteligentes. Essa sigla tem como base cinco pilares que vão te guiar na construção de objetivos estratégicos: S (Específica), M (Mensurável), A (Atingível), R (Relevante) e T (Temporal).

» S (ESPECÍFICA)

Como disse há pouco, os objetivos devem ser claros e específicos para terem impacto, e não genéricos, como vender mais ou conquistar mais clientes.

Para tornar um objetivo específico, você deve responder a algumas perguntas:

- O que você quer alcançar com esse objetivo?
- Quem são as pessoas envolvidas e responsáveis pelo objetivo?
- Por que esse objetivo é importante?
- Como atingir esse objetivo?
- Onde você irá agir para que esse objetivo seja alcançado?

Para você entender como um objetivo específico é criado na prática, imagine que você tem uma loja de sapatos online e precisa aumentar as vendas dos sapatos masculinos em 15%.

As respostas para as perguntas anteriores seriam, por exemplo:

- Aumentar as vendas de sapatos masculinos em 15%.
- As pessoas responsáveis pela meta são da equipe de marketing e vendas.
- O objetivo é importante para que a empresa aumente sua participação no mercado de calçados masculinos.
- O objetivo será alcançado através de promoções.
- As ações serão realizadas no e-commerce.

Você percebe como o objetivo se tornou muito mais específico?

» M (MENSURÁVEL)

Todo objetivo precisa ser mensurável e avaliado a partir de um KPI e das métricas de suporte. Isso é o que vai fazer com que você seja capaz de acompanhar o desempenho das ações.

Para isso, busque responder perguntas como:

- Qual o resultado esperado?
- Qual será seu KPI?
- Quais serão suas métricas de suporte?

No caso da loja de sapatos, as respostas poderiam ser:

- Vender 15% a mais de sapatos masculinos.
- O KPI será o número de sapatos masculinos vendidos no e-commerce.
- As métricas de suporte serão o número de acessos ao site, o tempo de permanência na página e a taxa de conversão.

Com essas respostas, a loja conseguirá mensurar os resultados das ações e entender o que está funcionando ou não para o atingimento do objetivo.

» A (ATINGÍVEL)

Um ponto muito importante é que todo objetivo deve ser atingível, ou seja, baseado na realidade. Afinal, objetivos inalcançáveis geram frustração para todos os envolvidos.

Busque responder perguntas como:

- Com base no histórico de vendas de sapatos masculinos e com o orçamento disponível para investimento na campanha, a meta é possível de ser alcançada?
- Os colaboradores acreditam que é possível atingir esse objetivo?

» R (RELEVANTE)

Para que um objetivo seja relevante, ele precisa gerar impacto nos negócios. De nada adianta a empresa que precisa aumentar em 15% a venda de sapatos masculinos colocar como objetivo aumentar o número de seguidores no Instagram, por exemplo.

Embora o aumento de seguidores possa contribuir com o aumento das vendas, não é nisso que a empresa deve gastar sua energia, já que dificilmente uma estratégia para aumento de seguidores será responsável por um grande impacto nas vendas.

» T (TEMPORAL)

Tudo o que você fizer deve ter um prazo de início e de término para que o objetivo seja cumprido. Isso, além de facilitar a análise dos resultados, faz com que a meta seja bem definida e clara. Sem estabelecer esses prazos, o objetivo ficará solto, vago e impreciso.

No caso do e-commerce de sapatos, é preciso que o aumento de 15% das vendas aconteça dentro de um período determinado. Em quanto tempo o seu objetivo precisa ser alcançado? Em um mês, um trimestre, um semestre?

Tenha sempre em mente que o que não pode ser medido não pode ser gerido, e a metodologia SMART pode contribuir para que as suas estratégias sejam mais bem-sucedidas.

MÉTODO PPR

Outro método que pode te ajudar bastante, e é o que uso no meu dia a dia, é chamado PPR (planejamento, processo e rotina).

» PLANEJAMENTO

Uma das dificuldades que mais observo no meu dia a dia está relacionada às pessoas que planejam os resultados que desejam obter, mas não selecionam as métricas que ajudam a definir os objetivos.

A primeira etapa é planejar os objetivos e definir as iniciativas que vão te direcionar ao seu alcance. Este é o momento em que você aplica o que falamos nos capítulos anteriores: define o objetivo, o KPI, as métricas de suporte e a estratégia que vai ser utilizada para alcançar a sua meta.

» PROCESSO

Os processos de análise são fundamentais para qualquer empresa. Essa é a etapa em que você criará processos de análise e transformação dos dados em execução, organizando sua agenda para analisar os dados e definir novas execuções em prol dos resultados esperados. Em suma, é aqui que você vai analisar seu objetivo, entender seu KPI, observar os resultados e definir processos para fazer algo com os dados gerados.

» ROTINA

Para obter resultados consistentes, você deve criar uma rotina para passar por todas as etapas com frequência. Caso contrário, os riscos de você olhar para os dados somente quando estiver em apuros são gigantescos.

Crie um dashboard simples, com os objetivos listados, KPIs e métricas de suporte, e defina datas para acompanhar e analisar dados. Isso vai trazer muito mais agilidade, segurança e foco para saber o que precisa ser feito. Em outras palavras, é preciso ter rotinas de análises.

Imagine que você foi ao nutricionista. Após ele transformar seu corpo em dados, definir o objetivo — emagrecer 10 quilos, por exemplo — e criar a estratégia para a perda de peso, você precisará retornar a cada mês para acompanhar os resultados obtidos.

No caso do nutricionista, de nada adiantaria acompanhar o KPI ou as métricas de suporte diariamente, já que é preciso que o paciente tenha mais tempo de execução para entender a transformação. Ou seja, para que o KPI peso seja relevante.

Por isso é tão importante que você saiba quais métricas olhar diariamente, semanalmente, quinzenalmente, mensalmente, trimestralmente ou semestralmente. Mas como definir isso?

Minha dica é que você pense sobre quais métricas são capazes de mudar o ponteiro do seu negócio ao serem analisadas todos os dias. Será que, no nosso caso do e-commerce de sapatos, com a meta de aumentar em 15% as vendas dos calçados masculinos, olhar o ticket médio todos os dias vai refletir alguma mudança significativa no negócio?

Vamos a outro exemplo: imagine que você atua no time de Recursos Humanos de uma pequena empresa e que precisa analisar a taxa de turnover, ou seja, a rotatividade de colaboradores. Sendo uma pequena empresa, todos os dias entram e saem colaboradores? Obviamente não. Então essa não é uma métrica que precisa ser analisada diariamente.

A rotina de análise de dados está diretamente relacionada com a maturação desses dados, e para certas métricas você precisa esperar que essa maturação aconteça. No caso do time de RH, faria muito mais sentido analisar a taxa de turnover mensalmente ou trimestralmente, certo? Afinal, se você não tem dados suficientes, você também não tem informação.

Em última instância, as rotinas devem, necessariamente, variar de acordo com o negócio, produto, maturidade do mercado, equipe. Ou seja, deve ser adaptada à sua realidade e aos seus objetivos.

Tudo isso funciona como um ciclo: você define a meta; cria o planejamento, com KPIs, métricas de suporte e estratégia; executa a estratégia; analisa os resultados; e toma decisões.

8. CULTURA DE DADOS E HABILIDADES ESSENCIAIS PARA QUEM TRABALHA COM ANALYTICS

O Google Analytics não é a mãe Dinah para prever o que você quer!

- Lucian Fialho

A era de tomar decisões baseadas em achismo chegou ao fim. E para fugir do modo de fazer negócios arcaico é fundamental mudar a mentalidade e instaurar uma cultura de dados nas empresas.

O objetivo de todas as empresas é ter competitividade e relevância no mercado. Felizmente, hoje dispomos de diversos recursos que podem (e devem) ser explorados de forma inteligente em busca de melhores resultados.

Através dos dados e métricas, nos tornamos capazes de gerar informações valiosas, e é através deles que nos tornamos capazes de definir as melhores ações e estratégias para alcançar os objetivos organizacionais.

Por muitas décadas, os líderes tomaram decisões com base em suas próprias opiniões e em achismo, geralmente sem qualquer fundamento. Mas em tempos de transformação digital, a cultura de dados se torna obrigatória para quem deseja sobreviver no longo prazo.

Seja para aumentar o número de vendas, conectar a empresa com novos clientes ou reduzir o turnover de colaboradores, a análise de dados precisa fazer parte da sua rotina. É por meio da consolidação de uma cultura de dados que você será capaz, por exemplo, de personalizar suas estratégias e adequar o seu planejamento às necessidades do mercado.

Com base em dados, você também se torna capaz de reduzir desperdícios de tempo e dinheiro. Para que você entenda isso, quero compartilhar um case de (não) sucesso que vai ilustrar muito bem o que estou tentando dizer.

Certa vez, fui prestar consultoria para uma universidade do Rio de Janeiro, que precisava aumentar o número de alunos no curso de Psicologia. Durante o processo de diagnóstico, descobri que a estratégia deles para atrair novos alunos era o anúncio, todos os domingos, em um jornal local famoso, com um investimento de 150 mil reais por mês. Ao questionar o quanto a estratégia estava sendo efetiva, não obtive resposta, pois eles simplesmente não sabiam quais resultados os anúncios geravam.

Para descobrir os resultados daquela estratégia, contratamos uma ferramenta capaz de rastrear os telefonemas. Assim, conseguiríamos saber quantas pessoas estavam telefonando para a universidade interessadas no curso e quantas, efetivamente, faziam a matrícula.

Após um mês de propaganda, fizemos a coleta dos dados: apenas seis pessoas ligaram, e nenhuma delas se matriculou, ou seja, nenhuma se converteu. No segundo mês, repetimos o ciclo. Foram oito ligações e, mais uma vez, nenhuma conversão.

Já era claro que o anúncio no jornal não funcionava, mas a universidade insistiu em realizar a análise por mais um mês. O resultado foi um total de duas ligações e, novamente, nenhuma venda.

Mesmo comprovando com números e mostrando outras estratégias para o uso do investimento, a universidade simplesmente optou por seguir com os anúncios no jornal. Para mim, esse é o exemplo perfeito do que *não* é uma cultura de dados, e sim uma cultura baseada em achismos.

Sem dúvidas, implementar uma cultura de dados tem diversas barreiras. Afinal, apesar de os investimentos em dados aumentarem ano após ano e já estar provado por a+b que investir em dados melhora a performance das empresas, as pessoas e os processos internos surgem como empecilho para que essa mentalidade seja disseminada.

Ter uma cultura de dados significa tornar os dados o centro das estratégias de negócio e a base para as tomadas de decisão. E para que isso seja possível, é preciso deixar o ego de lado e aceitar que os dados podem mostrar melhores caminhos do que você mesmo.

Em geral, as pessoas esperam algo acontecer para olhar para os dados. E quando falamos em cultura de dados, essa lógica precisa ser inversa. Para implementar uma cultura de dados, você precisa de proatividade e parar de usar os dados de forma reativa.

Um ponto importante de ressaltar, inclusive, é que a cultura de dados não deve ser exclusiva do marketing. As métricas estão em todas as frentes das empresas.

Até poucos anos atrás, os fones de ouvido das grandes marcas eram apenas usados pelos DJs. Eram eles os detentores dos aparatos mais tecnológicos e poderosos. Hoje em dia, no entanto, esses fones são utilizados por qualquer pessoa. Basta que ela goste de ouvir música.

Isso significa que eles podem ter sido criados inicialmente para os DJs, mas são para todos.

Assim como os fones de ouvido, é claro que existem métricas específicas para cada área, como as métricas de marketing, vendas e negócios, mas isso não significa, definitivamente, que elas estejam restritas a esses setores. Da mesma forma que aconteceu com os fones, que foram disseminados para toda a sorte de pessoas, disseminar a prática para todos os colaboradores, de ponta a ponta, é o caminho para começar a implementar uma cultura de dados e alcançar os melhores resultados.

Essa mentalidade precisa estar enraizada na cultura organizacional, com todos os profissionais envolvidos entendendo a real importância dessa estratégia. Por isso é tão importante definir processos. Somente assim será possível colocar os dados como centro das tomadas de decisão.

Como eu disse anteriormente, muitas pessoas acreditam que, para trabalhar com Analytics, é necessário conhecimento avançado em matemática e estatística, o que considero um grande erro. Cada vez mais, as ferramentas estão fazendo por nós essa parte do trabalho. Hoje, ao acessar as ferramentas de dados, você já tem todas as informações disponíveis. Basta interpretá-las.

Com base nisso, para mim, as maiores qualidades de uma pessoa de Analytics estão relacionadas à sua capacidade de resolver problemas com curiosidade, criatividade e proatividade.

Lembro que, na quarta série, entrei em embate com a professora de inglês. Apesar da pouca idade, estava extremamente frustrado porque, para mim, não fazia o menor sentido ter que aprender inglês (mais tarde, a vida mostraria que eu estava bem errado!), já que meu idioma natal era o português. Naquela ocasião, me recordo de ter sentado no chão no meio da aula e dito que não estudaria aquela matéria, e, infelizmente, a professora não conseguiu me dar uma explicação lógica sobre por que era importante eu aprender inglês.

Desde muito cedo eu busquei entender o porquê das coisas. E isso tem tudo a ver com Analytics. Afinal, Analytics não se resume à parte técnica. Sim, a parte técnica é importante para que você saiba a qualidade dos dados, mas, se você não transformar os dados em informações relevantes, o seu trabalho de nada terá adiantado.

Com base na minha experiência, para se tornar um bom profissional de Analytics, você precisa ter quatro competências:

1. **Curiosidade**

A curiosidade é o que move as pessoas a investigarem o porquê das coisas. E é justamente essa disposição para a investigação o que faz as pessoas tirarem insights valiosos para os negócios.

Também é a curiosidade o que nos faz ter aquela pulga atrás da orelha, e não simplesmente aceitar que as coisas são porque são. A pessoa curiosa busca respostas e explicações e exige que haja uma racionalidade por trás dos acontecimentos. É essa habilidade que também permite que haja proatividade, já que essas pessoas não esperam alguém pedir para analisar os dados. Ela mesma vai atrás das informações para buscar justificativas para as métricas e gerar hipóteses.

2. **Organização**

Apesar de ser uma pessoa totalmente desorganizada na minha vida pessoal, quando falo de métricas a organização é uma das minhas maiores qualidades. Se você mantiver a organização no trabalho, o seu tempo será extremamente otimizado, já que você terá domínio das informações e saberá para onde recorrer caso necessite resgatar algum dado do ano passado, por exemplo.

Lembra quando ensinei o método PPR? É preciso haver rotina — e isso nada mais é do que organização. Por isso, anote informações relevantes nas ferramentas, crie dashboards e saiba como encontrar informações de forma ágil e simples.

3. **Sevirologia**

Esta é a arte de se virar com o que tem, e não ficar dependendo dos outros. É você querer resolver as coisas e encontrar soluções para possíveis barreiras que possam estar atravancando o seu trabalho.

Imagine que você começou a trabalhar em uma nova empresa e que apenas a pessoa que saiu recentemente de lá tinha o acesso a determinada ferramenta. A pessoa que tem capacidade de sevirologia não ficará de braços cruzados esperando alguém resolver o problema. Ela vai tentar descobrir, seja ligando para o antigo colaborador, seja entrando em contato com o suporte da ferramenta. Em resumo, essa pessoa não espera que as coisas caiam do céu.

4. **Criatividade**

Por fim, a quarta habilidade para quem quer trabalhar com Analytics é a criatividade diante do que está sendo analisado. Esta é a capacidade de olhar para os dados e métricas e criar hipóteses que possam ser aplicadas para a otimização dos resultados. É a pessoa criativa que vai responder perguntas como "o que eu posso fazer com isso?".

Existem algumas dificuldades no âmbito de dados como um todo, e se você trabalhar em cima dessas habilidades, sem dúvidas, vai conseguir se destacar da multidão. Para explicar isso em um exemplo simples, gostaria de falar rapidamente sobre o livro *A Revolução dos Bichos*, de George Orwell.

A ambientação da obra acontece em uma granja liderada pelo fazendeiro Sr. Jones, e conta a história dos animais que ali viviam e que, insatisfeitos com a exploração dos humanos, decidem fazer uma revolução.

Após a rebelião, os porcos, que eram os animais mais inteligentes do grupo, assumem o poder e passam a gerir a granja. Como era de se esperar, os demais animais continuam descontentes com as novas leis e, após sentirem que estavam trabalhando muito mais e se alimentando muito menos, as galinhas vão questionar os porcos, detentores do poder.

Um dos porcos refuta o descontentamento, afirmando que, na realidade, segundo os dados, o trabalho foi reduzido, que a alimentação aumentou e que, inclusive, a qualidade da água melhorou. As galinhas, que tinham memória curta, não foram capazes de fazer o comparativo entre o antes e o depois, e acabaram por aceitar o que o porco falou.

Trazendo para o mundo dos dados, percebe-se uma série de erros cometidos pelas galinhas, e que tem tudo a ver com as habilidades que pessoas que trabalham com Analytics devem ter.

O primeiro é o fato de as galinhas não terem sido curiosas para questionar os dados, entender de que forma foram coletados e onde estavam os relatórios — premissas de extrema importância para saber o nível de confiança das informações.

O segundo é a falta de acesso aos dados. De acordo com a cena, o porco tinha acesso a essas informações, mas as galinhas não. Portanto, era necessário que elas questionassem a confiabilidade dos dados, já que não tinham acesso a eles.

A terceira falha está relacionada com a coleta em si dos dados, afinal, os porcos coletaram e analisaram as informações e, portanto, tinham o poder (pela não transparência) de divulgar apenas o que lhes convinha.

Por fim, o quarto erro das galinhas está relacionado ao letramento de dados, que é justamente ter domínio sobre as informações e conhecimento para interpretá-los. Se as galinhas tivessem o mínimo de conhecimento sobre dados, elas poderiam questionar os porcos, mostrando que a sua interpretação estava enviesada.

Voltando para o mundo de Analytics, hoje não há mais espaço para quem trabalha em ambientes digitais não saber interpretar dados. Afinal, se o maior argumento das estratégias digitais é justamente a possibilidade de metrificar tudo, ninguém pode se dar ao luxo de não saber fazer isso.

Se você quer saber mais sobre como se tornar um profissional de analytics, acesse o artigo da Métricas Boss através do QR Code abaixo!

9. MÉTRICAS SOCIAIS E MÉTRICAS DE NEGÓCIOS

Pior do que não tomar decisão baseada em dados, é tomar decisão baseada em dados errados

– Gustavo Esteves

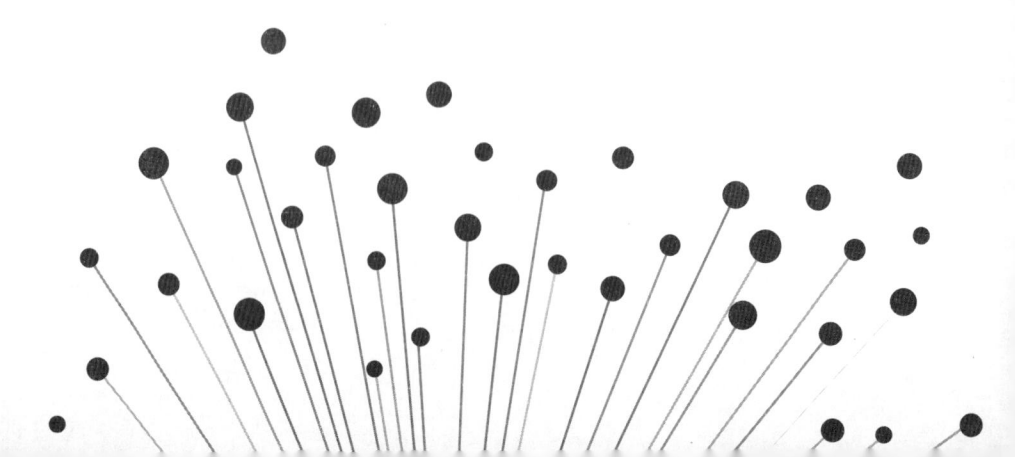

Até o momento, falamos bastante sobre a importância de definir quais métricas devem ser analisadas de acordo com os seus objetivos. Para deixar tudo mais claro, costumo dividir as métricas em dois tipos: as métricas sociais e as métricas de negócios.

As métricas sociais estão relacionadas com os objetivos da marca nas redes sociais e, portanto, não têm correlação direta com o cerne do negócio. Por exemplo, se você tem um Instagram com 10 mil seguidores, sem dúvidas isso gera autoridade e melhora o posicionamento da marca, mas esta é uma métrica que nada tem a ver com o faturamento da empresa.

Obviamente, existe uma série de objetivos ao desenvolver estratégias de redes sociais, como gerar autoridade, criar mais uma fonte de aquisição de leads, se relacionar com clientes em potencial ou alcançar novos públicos. Sem dúvidas, métricas como novos seguidores, alcance e engajamento contribuem com o funil de marketing e vendas, mas elas não têm impacto direto (apenas indireto) nos resultados da empresa.

Já as métricas de negócios, como o próprio nome sugere, são o que medem, de fato, o objetivo da empresa, incluindo faturamento, número de clientes, vendas, aquisição de leads, retenção e afins. São as métricas que têm impacto direto no sucesso ou fracasso de um negócio.

Os dados que podem ser avaliados através das métricas são diversos. Para saber qual o melhor indicador para o seu negócio, é preciso, sempre, definir o seu objetivo. Afinal, sem um objetivo claro, você não saberá se deve acompanhar métricas sociais ou métricas de negócio e nem saber se as estratégias adotadas estão sendo eficientes.

Para que tudo isso fique mais claro, vou destrinchar as métricas mais importantes e mostrar como utilizá-las.

9.1. MÉTRICAS DIGITAIS

As métricas digitais são métricas que todas as vertentes do mundo digital usam, ou seja, qualquer tipo de site, e-commerce, aplicativo ou outras ferramentas digitais. São métricas gerais que todo mundo precisa conhecer, independentemente do negócio.

» O QUE SÃO SESSÕES?

As sessões correspondem aos acessos, visitas e tráfego do seu site, e são medidas com base na interação do usuário nele. Em outras palavras, uma sessão é a quantidade de vezes que um usuário ficou engajado, isto é, se dentro de um período de até 30 minutos ele interagiu com o site ou ficou inativo.

Como usar as sessões?

Toda vez que você quiser saber a quantidade de visitas, acessos, audiência, tráfego, é esta métrica que você deve procurar nas ferramentas de Analytics.

» O QUE SÃO USUÁRIOS?

No mercado como um todo, a métrica de usuários é considerada pela quantidade de pessoas usando um produto ou cadastrada em um serviço. Mas, nas ferramentas de Analytics (principalmente Google Analytics Universal), a métrica de usuários é calculada de forma diferente.

Usuários são os navegadores que acessaram seu site, lembrando que esse mesmo usuário pode ter realizado diversas sessões. O usuário pode ser dividido em dois tipos: novos usuários e usuários recorrentes.

Os novos usuários são as pessoas que não possuem um cookie do seu site na máquina ou que, naquele período de visualização, não acessaram o seu site duas ou mais vezes. Já os usuários recorrentes são as pessoas que possuem um cookie do seu site na máquina ou naquele período de análise acessaram o seu site duas ou mais vezes.

Cuidados com a métrica Usuários:

1. Se um usuário acessar o seu site através do navegador em uma aba anônima, será considerado um usuário novo.

2. Se um usuário acessar o site através do navegador Firefox no computador e depois acessar novamente no Safari no celular, o segundo acesso será considerado um usuário novo (a não ser que ele já tivesse acessado o site via Safari anteriormente).

3. Os usuários se diferenciam de acordo com o período analisado. Se o usuário João tiver acessado o seu site em janeiro de 2022 e depois voltar a acessar o site em fevereiro de 2022, ele poderá ser considerado um usuário novo ou um recorrente, de acordo com o período analisado.

Exemplo 1:

Você definiu no Google Analytics o período de janeiro de 2022 para análise. Nesse caso, João é considerado um usuário novo, pois não havia registro de cookies.

Exemplo 2:

Você definiu no Google Analytics o período de fevereiro de 2022 para análise. Nesse caso, João é considerado um usuário novo, pois não havia registro de cookies.

Exemplo 3:

Você definiu no Google Analytics o período de 01 de janeiro até 28 de fevereiro de 2022 para análise. Nesse cenário, João é considerado um usuário recorrente, pois havia registro de cookies desde janeiro.

Como usar a métrica Usuários?

Após entender os cuidados que você deve ter ao analisar esta métrica, podemos utilizá-la para entender melhor alguns cenários.

Blog: para um blog, é muito importante gerar usuários recorrentes, pois esta métrica mostra se as pessoas estão tendo certa frequência de acesso aos seus conteúdos. Também é ela que vai te ajudar a entender melhor se as suas ações para trazer os usuários de volta para o seu site estão surtindo efeito.

E-commerce: é comum que um e-commerce tenha um número elevado de novos usuários, principalmente se a loja for nova e não tiver uma recorrência de compra alta. Dessa forma, com a métrica de usuários, você se torna capaz de entender a quantidade de vendas de seu e-commerce de acordo com os tipos de usuários e responder perguntas como: quem compra mais, usuários novos ou recorrentes?

» O QUE É TAXA DE REJEIÇÃO?

Esta é, sem dúvidas, uma das métricas mais mal explicadas pelos gurus da internet. Se você conhece essa métrica e acredita que ela tem relação com o tempo que os usuários ficaram no site, sinto muito, mas te enganaram.

Segundo definição do próprio Google Analytics, a taxa de rejeição é o percentual de pessoas que acessaram o seu site através da página de entrada e não interagiram com ela. Ou seja, é o percentual de pessoas que acessaram seu site, leram a informação e não acessaram uma outra página.

Mesmo que o usuário tenha clicado em um vídeo, em um botão de continuar lendo ou algo do tipo, o Google Analytics entenderá que esse usuário não interagiu com o site, pois a interação por padrão na ferramenta é o usuário trocar de página.

Exemplo 1:

Imagine que você tenha acessado uma notícia dentro do site do G1. Você leu a notícia até o final da página e depois apertou o X para fechá-la. Você acaba de gerar uma taxa de rejeição para os relatórios de Analytics da Globo.

Exemplo 2:

Imagine que você tenha acessado uma notícia dentro do site do G1. Você leu a notícia até o final e depois clicou para ir para a Home do site. Nesse caso, você não rejeitou, pois na mesma sessão acessou uma segunda página do mesmo site. Portanto, a ferramenta entenderá que você interagiu, não contabilizando, assim, a rejeição.

Exemplo 3:

Imagine que você está em uma SPA (*Single Page Application*, site de apenas uma página) e nele você clica, no menu, na opção "Quem Somos". Esse menu te joga para o final da página, mas não troca a URL. Você lê o "quem somos"', sobe para o topo do site e aperta o X. Você acabou de gerar uma rejeição para esse site, pois não houve troca de página.

Todo site que é SPA por padrão possui uma taxa de rejeição de 100%, pois neles não há troca de página.

Como usar a métrica de Taxa de Rejeição?

Antes de tudo, você precisa saber que esta é uma métrica supervalorizada, e que ter uma taxa de rejeição de 100% em determinados casos não é um problema. Por isso, separei algumas médias dessa métrica por segmento de site:

- 40-60% — Sites de conteúdo.
- 30-50% — Sites de geração de leads.
- 70-98% — Blogs.
- 20-40% — Sites de varejo.
- 10-30% — Sites de serviços.
- 70-90% — Landing pages institucionais.

Perceba que, em média, blogs têm até 98% de rejeição, pois os usuários leem as notícias e apertam o X para sair do site. É claro que seu blog pode criar uma estratégia para "reter" esse leitor e fazê-lo acessar mais páginas, mas é importante ter esse cuidado em mente.

Utilize a rejeição para analisar um paralelo entre o conteúdo do seu site e o público que o acessa. Todo site possui objetivos, e por isso é relevante analisar essa relação.

Uma taxa de rejeição alta pode te informar que o seu conteúdo não está sendo relevante para o usuário, e isso pode ser um problema da sua página ou de quem está acessando. Em outras palavras, você não terá bons resultados se levar para o site do Fluminense os torcedores do Flamengo ou de algum outro rival, certo?

Utilize a rejeição sempre analisando as médias e pensando nessa relação de público-alvo x conteúdo.

» O QUE É TAXA DE SAÍDA?

A taxa de saída é a porcentagem de sessões que saíram do seu site a partir da segunda página. Ou seja, o usuário precisa ter acessado ao menos duas páginas naquela sessão.

Exemplo:

Imagina que um usuário acessou a sua home, clicou no link "Quem Somos" e depois saiu. Isso é uma saída.

Esta é uma métrica exclusivamente medida por página. Logo, é muito útil se analisada para fluxos de compra/cadastro.

Como usar a métrica Taxa de Saída?

Vou trazer um case interessante para exemplificar esta, que é a minha métrica favorita.

Uma faculdade possuía uma porcentagem de 89% de taxa de saída na penúltima etapa de seu fluxo de pré-matrícula, mas não sabia quais os motivos desse comportamento.

O fluxo de pré-matrícula da faculdade era dividido em:

Etapa 1 — Nome, e-mail, telefone e senha.

Etapa 2 — Data de nascimento, RG e CPF.

Etapa 3 — Ano de conclusão do ensino médio e instituição.

Etapa 4 — Curso de graduação, turno e campus.

Etapa 5 — Título de eleitor e certificado de reservista.

Etapa 6 — Pré-matrícula realizada.

A etapa que tinha maior taxa de saída era a etapa 5, que pedia dados extremamente complexos de se ter à mão, fazendo com que os usuários saíssem do site antes de finalizar o processo. A faculdade fez, então, uma alteração, deixando de solicitar esses dados nessa etapa, fazendo a taxa de saída cair para apenas 12%.

» O QUE É TAXA DE CONVERSÃO?

A taxa de conversão está relacionada à porcentagem de visitas do seu site que efetuaram uma conversão, seja uma compra ou preenchimento de formulário.

Ela é calculada através de uma conta bastante simples:

$$\text{Conversão} \div \text{Sessão} \times 100.$$

Como falamos anteriormente, você não precisa se preocupar em fazer esse cálculo, já que as ferramentas de Analytics entregam essas informações prontas para você, mas entender a lógica por trás da conta é interessante, caso perceba algum erro e precise tirar a prova.

Como usar a métrica Taxa de Conversão?

Esta é, com certeza, uma das métricas mais importantes para qualquer tipo de negócio digital. E para que você não seja enganado por ela, é extremamente interessante que você sempre tente fazer o seguinte paralelo:sSe sua taxa de conversão é de 2%, isso significa que 2% das sessões do seu site finalizaram uma transação ou uma meta em seu site. O paralelo que devemos traçar é que 98% das sessões que acessaram seu site não converteram. Portanto, como podemos fazer para aumentar essa porcentagem?

De acordo com pesquisa da Experian Hitwise, a taxa de conversão brasileira média (baseando-se em qualquer segmento) é baixíssima: apenas 1,65% de quem entra nos sites acaba comprando algo.

É muito importante entender a jornada de conversão do seu consumidor para entender os seus pontos de fuga. Uma boa dica para que você gere insights é analisar as taxas de saída por página e realizar pesquisas com quem já converteu, pois assim você descobrir pontos muito importantes e antes inimagináveis sobre o seu site, produto e negócio.

9.2. MÉTRICAS SOCIAIS

Como falei anteriormente, as métricas sociais estão ligadas aos objetivos das empresas nas redes sociais. Agora, é hora de falar sobre as principais delas e aprender como utilizá-las da melhor maneira possível.

» O QUE SÃO SEGUIDORES?

Esta é uma das métricas de redes sociais mais famosas. Os seguidores medem a quantidade de pessoas que estão seguindo aquele perfil no Instagram, LinkedIn, Twitter, TikTok ou qualquer outra rede social. Ou seja, a quantidade de pessoas que acompanham os conteúdos de Feed e Stories.

Como usar a métrica Seguidores?

É preciso ter muito cuidado para não ficar míope quanto a essa métrica, já que ela é muito importante para elevar o seu alcance (métrica que veremos a seguir), mas também para transmitir autoridade para quem está conhecendo o seu perfil.

Com toda a certeza, um dos fatores de "julgamento" de um perfil é a sua quantidade de seguidores. Afinal, mesmo que inconscientemente, é comum acabarmos julgando de forma negativa quem tem poucos seguidores, justamente porque esta é uma métrica de autoridade. E por que não devemos ficar míopes quanto a ela?

Muitas empresas e pessoas querem acelerar ao máximo o número de seguidores em seu perfil, e isso acaba prejudicando as outras métricas, como alcance e engajamento. Afinal, não adianta levar para o seu perfil um público desqualificado apenas para aumentar esse número. Com seguidores desqualificados, seu perfil terá um número de curtidas baixo e não terá compartilhamentos, deixando claro que seus seguidores não condizem com o perfil da sua empresa. Por isso, meu conselho é: nunca compre seguidores!

» O QUE SÃO AS CURTIDAS?

As curtidas medem a quantidade de pessoas que gostaram do seu conteúdo e fizeram questão de curti-lo. Esta métrica te ajuda a impactar mais pessoas no feed das redes sociais, pois quanto mais interações com a publicação, mais distribuída ela será na rede.

Como usar a métrica Curtidas?

Assim como falamos dos seguidores, também não fique míope quanto às curtidas, pois sozinhas elas não fazem milagre. Entenda a curtida como algo que impactou seus seguidores a ponto deles reagirem ao seu conteúdo. Por isso, sempre que possível, induza as pessoas a curtirem seu post para que os algoritmos das redes entendam que mais pessoas podem querer ver aquilo.

» O QUE SÃO OS COMENTÁRIOS?

Os comentários nas redes sociais são o ato da pessoa ter escrito algo no seu post para promover um debate, para dar a sua opinião ou até mesmo para apenas demonstrar que gostou do seu conteúdo.

Como usar a métrica Comentários?

Tenho certeza de que você já foi impactado por diversos posts que tinham centenas de comentários, e que, para "destravar" ou ganhar algo, você precisava deixar o seu comentário.

Isso é feito porque os comentários são uma métrica poderosa para os algoritmos das redes sociais. Quanto mais pessoas comentam uma publicação, mais pessoas são impactadas. Agora, se você une isso às curtidas, as redes entendem ainda mais que aquele post é relevante e, como consequência, o mostrará para mais pessoas.

» O QUE É O ALCANCE?

A métrica alcance mede a quantidade de pessoas que foram impactadas pelo seu post ou Story, e é muito importante para medirmos o engajamento.

Como usar a métrica Alcance?

O alcance te ajuda a impactar mais e mais pessoas. Por isso, uma das principais estratégias utilizadas é a criação de posts compartilháveis. Assim, o alcance pode ser melhorado, fazendo com que aquela publicação impacte ainda mais pessoas.

» O QUE É O ENGAJAMENTO?

O engajamento mede a quantidade de pessoas que, de fato, engajaram com seu conteúdo. Ele é medido através do cálculo entre o alcance, curtidas, comentários e compartilhamentos.

Como medir a taxa de engajamento:

$$\text{Interações (reações + compartilhamentos + comentários + cliques + views)} \div \text{alcance}.$$

Como usar a métrica Engajamento?

No final das contas, não são apenas curtidas, comentários e compartilhamentos, de forma isolada, que te ajudarão a atingir mais pessoas e, de fato, engajá-las, e sim o cálculo entre elas. Portanto, sempre analise o seu engajamento real para entender como seus posts estão performando. Caso você seja um influenciador digital, esta é a métrica que mostrará aos seus anunciantes que as pessoas se interessam e interagem com seus conteúdos.

9.3. MÉTRICAS DO YOUTUBE

Como você deve imaginar, as métricas do YouTube ajudam a entender e monitorar o desempenho dos seus vídeos dentro do YouTube. Para isso, existem algumas métricas bastante importantes para você turbinar a sua estratégia de conteúdo.

» O QUE SÃO INSCRITOS?

Esta métrica mostra quantas pessoas se inscreveram em seu canal dentro de uma janela de tempo. Se você analisar que alguns vídeos geram um elevado número de assinantes, então essa é uma demonstração de que o seu conteúdo possui uma boa qualidade, pois fez as pessoas se inscreverem para acompanhar o seu canal.

O YouTube analisa essa métrica para saber se seu canal tem consistência na publicação de novos vídeos e se eles são de fato interessantes.

Como usar a Métrica Inscritos?

Essa é uma métrica bastante importante para o Youtube. Afinal, quem está inscrito em seu canal tem muito mais chances de ser notificado de um novo vídeo, bem como de ver seus vídeos no feed e na busca do YouTube.

Sempre utilize um CTA (Chamada Para a Ação), para chamar seus espectadores para se inscreverem em seu canal. Isso vai ajudar (e muito) que seus vídeos aumentem a audiência sem anúncios, ou seja, de forma orgânica.

» O QUE SÃO VIDEO VIEWS?

Esta métrica calcula a quantidade de exibições que seu vídeo teve. Basicamente, é aqui que conseguimos entender a quantidade de visualizações de um vídeo.

Como usar a Métrica Video Views?

Esta é, sem dúvidas, uma das métricas mais importantes dos vídeos do YouTube e, em um paralelo com os seguidores do Instagram, também é uma métrica que gera autoridade em relação ao vídeo postado. Vídeos com um número de Video Views alto podem te ajudar a entender o tipo de conteúdo que seu público mais consome.

» O QUE SÃO IMPRESSÕES?

As impressões calculam a quantidade de vezes que algum vídeo do seu canal foi impresso no YouTube, seja em resultado de busca, sugestão de vídeo ou até em playlists.

Como usar a métrica Impressões?

As impressões vão te ajudar a entender o alcance que seu vídeo teve no YouTube, e isso, alinhado à métrica de taxa de cliques, pode te ajudar a entender se o título e a thumbnail (imagem) do seu vídeo geraram impacto real para os usuários. Invista em títulos que despertam a curiosidade e imagens que chamem a atenção do público. A probabilidade de as pessoas se interessarem será, sem dúvidas, muito maior.

» O QUE É TAXA DE CLIQUES?

A taxa de cliques é, basicamente, o cálculo de todas as impressões de vídeos que seu canal teve divididas pela quantidade de vezes que ele foi clicado.

Como usar a métrica Taxa de Cliques?

Esta métrica é bem importante para trazer o público para o seu vídeo. O YouTube exibirá seu vídeo nos resultados de busca, notificações e e-mail, e tudo isso será contabilizado como impressões. Por isso, é fundamental investir tempo na construção de uma boa thumb e de um título que desperte no espectador o interesse de clicar. Sem thumbs e títulos persuasivos, provavelmente a sua taxa de cliques será muito baixa.

» O QUE SÃO ESPECTADORES ÚNICOS?

Esta métrica nos mostra o número de usuários que assistiram aos vídeos do canal. Ou seja, aqui não são medidos os views, e sim a quantidade de usuários que consumiram o conteúdo.

Como usar a métrica Espectadores Únicos?

Um usuário pode assistir mais de uma vez ao seu vídeo, e isso aumentará o número de video views. Porém para saber, de fato, quantas pessoas visualizaram o seu vídeo, é a métrica de espectadores únicos que vai te fornecer a informação. Essa métrica é pouco divulgada, pois sempre será menor do que a de video views. Ou seja, dependendo do seu objetivo com o vídeo ou da parceria com o canal, mensure essa métrica no lugar das visualizações.

» O QUE É TEMPO DE EXIBIÇÃO?

Esta métrica nos mostra, em horas, o total de tempo que os usuários assistiram aos vídeos em um canal.

Como usar a métrica Tempo de Exibição?

Por ser uma das métricas mais importantes para os algoritmos do YouTube, é ela que será responsável para o seu canal se tornar apto à monetização, já que existe um tempo mínimo de exibição que seu canal precisa ter para começar a receber dinheiro. Como o YouTube a longo prazo continua gerando plays e minutos assistidos, esta métrica é bem interessante para saber quanto tempo o seu canal já foi exibido pelos espectadores.

» O QUE É RETENÇÃO DE PÚBLICO?

A retenção de público nos ajuda a entender como o público consome o nosso vídeo. Aqui, conseguimos entender quando perdemos o usuário e ele simplesmente abandona o conteúdo.

Como usar a métrica Retenção de Público?

Esta é uma das métricas negligenciadas por quem não conhece a parte analítica do YouTube. De extrema importância para os algoritmos da plataforma, é através dela que o YouTube entende ou não que seu vídeo não gera somente views, mas as pessoas de fato consomem o seu conteúdo por sua relevância.

A retenção também pode te ajudar a entender por que os seus vídeos não deram certo e os motivos pelos quais os espectadores não assistiram até o final. É analisando esse ponto que você será capaz de mudar a sua estratégia para engajar o público e fazer com que as pessoas continuem assistindo ao seu conteúdo.

9.4. MÉTRICAS DE E-COMMERCE

Se você tem um e-commerce, sabe a importância de contar com informações que te ajudem a gerir o negócio. Justamente por isso, separei algumas das métricas mais importantes para que a sua empresa tenha resultados sustentáveis.

» O QUE É RECEITA?

A receita é o valor monetário que o e-commerce gera em determinado período analisado, por exemplo, o ano de 2022. É importante entender que a receita não é lucro, e sim apenas os valores que os consumidores transacionaram durante aquele período.

Como usar a métrica Receita?

Se você possui um e-commerce e não tem um objetivo diário, semanal e mensal que leva em consideração a receita, pare tudo e faça isso agora mesmo! Nenhum e-commerce sobrevive sem ter receita, e esse é um dos maiores objetivos desse segmento. A receita deve ser utilizada justamente para medir o seu o resultado e ajudar o seu e-commerce a entender de forma objetiva, fácil e eficaz se as metas estão sendo alcançadas ou não.

» O QUE SÃO TRANSAÇÕES?

A transação é uma métrica exclusiva para e-commerce e está diretamente relacionada à compra. As transações são os pedidos realizados em um e-commerce.

Como usar a métrica Transações?

Assim como a receita, as transações devem estar estipuladas como uma meta no seu e-commerce e é fundamental que você saiba quantas transações precisa realizar para que a receita estipulada seja atingida. Ou seja, estas são métricas ligadas uma à outra e que servem para ajudar a entender e analisar seus objetivos.

É muito importante entender que nem toda transação de fato é aprovada: o cartão do consumidor pode ser rejeitado ou não ter saldo, o boleto pode não ser pago, o Pix pode não ser concluído. Isso significa que nem toda transação em um e-commerce é uma transação aprovada, e isso você aprenderá melhor na métrica conhecida como taxa de aprovação.

» O QUE É TICKET MÉDIO?

O ticket médio é a receita média que os consumidores gastaram em seu site (sem contar frete e impostos). Para calculá-lo, basta fazer a seguinte conta:

$$\text{Receita} \div \text{transações} = \text{ticket médio}$$

Por exemplo:

$$R\$1.000.000,00 \div 25.000 = R\$40,00$$

Perceba que, no exemplo acima, 1 milhão de reais de receita foi gerado através de 25 mil pedidos, demonstrando, portanto, que o ticket médio do site é de R$40,00.

Como usar a métrica Ticket Médio?

Essa métrica é uma das mais importantes para os resultados do seu e-commerce, pois, tendo domínio sobre ela, podemos influenciar o comportamento do consumidor para que ele compre mais itens complementares. Provavelmente você já fez alguma compra na internet em que o site informava que, comprando mais de R$ 50 em produtos, você teria frete grátis, por exemplo. Esse tipo de estratégia faz com que sua receita aumente em um ticket médio maior na transação.

Outro exemplo do dia a dia que mostra como explorar essa métrica ocorre no próprio McDonald's, quando o atendente oferece batata grande por apenas mais R$ 2,00. O que o McDonald's faz é justamente induzir o consumidor a obter um produto melhor e maior e, consequentemente, aumentar o seu ticket médio.

» O QUE É TAXA DE ABANDONO DE CARRINHO?

Vai me dizer que você nunca adicionou um produto no carrinho e depois fechou o site para receber algum desconto?

A taxa de abandono de carrinho é justamente a quantidade de sessões que entraram no site e abandonaram a página de carrinho, ou seja, saíram do site nessa etapa do fluxo de compra.

Imagine que 10 mil sessões chegaram até a sua página de carrinho e, dessas, 5 mil saíram. Como ficaria essa conta?

$$(10.000 \text{ Sessões} \div 5.000) \times 100 = 50\% \text{ de abandono de carrinho.}$$

Essa é a conta que você deve fazer.

Como usar a métrica Taxa de Abandono de Carrinho?

Antes de tudo, é importante você entender que é normal que as pessoas saiam sem finalizar uma compra, já que é nesta etapa em que consumidor acessa informações como valor de frete e tempo de entrega do produto. Tudo isso representa objeções fortes e estimulam o abandono do carrinho, pois a entrega pode ser maior do que o esperado, o valor do frete pode estar alto e por aí vai...

A métrica te ajuda a entender justamente essas situações, por isso é de extrema importância unir os dados quantitativos com os dados qualitativos para essa análise. Mais para a frente, vou falar sobre algumas ferramentas que permitem que você acompanhe o mapa de calor do seu site e analise o comportamento do consumidor. Isso vai te ajudar a entender o real motivo do abandono.

» O QUE É TAXA DE APROVAÇÃO DE PEDIDOS?

Como disse há pouco, nem toda transação tem o cartão aprovado, boleto pago ou Pix transferido. Portanto, a taxa de aprovação de pedidos é justamente o cálculo entre as transações realizadas no e-commerce (que chamamos de transações captadas) e as transações pagas (aquelas que, de fato, geram dinheiro para a empresa).

Imagine o seguinte cenário:

Um e-commerce teve, no mês de maio, mil transações captadas, mas apenas 500 transações foram pagas. A taxa de aprovação então é de:

(1.000 ÷ 500) x 100 = 50% de taxa de aprovação.

Como usar a métrica Taxa de Abandono de Carrinho?

Esta métrica permite que você entenda quais são os maiores gaps de pagamento da sua empresa. Caso seu e-commerce só aceite boletos e a taxa de aprovação de pedidos esteja baixa, vale a pena disponibilizar para o consumidor novos meios de pagamento, por exemplo.

» O QUE É ROI E ROAS?

ROI é a sigla para Retorno Sobre Investimento, ou seja, qual foi o retorno que seu negócio teve para cada real investido.

No entanto, muitas pessoas acabam confundindo o ROI com o ROAS, que é o Retorno Sobre Investimento Publicitário. Vamos entender agora o cálculo do ROI e o do ROAS para que você veja as diferenças entre essas siglas na prática.

O Cálculo do ROAS funciona da seguinte forma:

$$ROAS = (Receita - Custo) \div Custo$$

Exemplo:

$$(R\$10.000 - R\$1.000) \div R\$1.000 = 9$$

Com o exemplo acima, você possui um ROAS de 9, ou seja, a cada R$ 1,00 que você investe em publicidade, você está obtendo R$ 9,00 de retorno.

Já o ROI leva em consideração outros números. Então, precisamos incluir nesse cálculo algumas outras variáveis.

O cálculo de ROI funciona da seguinte forma:

$$ROI = Lucro \div Investimento$$

$$Lucro = Receita - Custo - Investimento\ em\ Publicidade$$

$$Investimento = Custos + Investimento\ em\ Publicidade$$

O que está muito vago no cálculo acima é o que chamamos de custo. O custo para esse cálculo de ROI nada mais é do que o custo que a empresa teve para a produção daquele item.

Exemplo: imagine que você tem um e-commerce que vende tênis, e que o custo de cada calçado para a empresa é de R$ 25,00 (incluindo produção, matéria prima e impostos). Durante o mês, você vendeu 400 tênis a um valor de R$ 60,00, investimento R$ 8 mil em publicidade. Como fica o ROI?

$$Receita = 400\ tênis \times R\$60,00 = R\$24.000,00$$

$$Custo = 400\ tênis \times R\$25,00 = R\$10.000,00$$

$$Investimento\ em\ Publicidade = R\$8.000,00$$

Cálculo de ROI:

$$\text{Lucro} = \text{R\$24.000,00 (Receita)} - \text{R\$10.000,00 (custo)} - \text{R\$8.000,00 (Publicidade)} = \text{R\$6.000,00}$$

$$\text{Investimento} = \text{R\$10.000,00 (Custo)} + \text{R\$8.000,00 (Publicidade)} = \text{R\$18.000,00}$$

$$\text{ROI} = \text{R\$6.000} \div \text{R\$18.000} = 33\%$$

Podemos dizer, então, que o ROI é de 33%.

Atenção:

Se o ROI for negativo, a empresa está tendo prejuízos.

Se o ROI for positivo, a empresa está tendo lucro com essa operação.

Se o ROI for igual a zero, a empresa está apenas "empatando" o resultado, não obtendo nem lucro e nem prejuízo.

» O QUE É CAC?

CAC é a sigla para Custo de Aquisição do Consumidor. Essa sigla ganhou muita força quando empresas de modelos de negócios recorrentes começaram a analisar qual era o custo que ela tinha para trazer um novo consumidor/cliente.

O cálculo de CAC funciona da seguinte forma:

$$\text{CAC} = \text{Investimento em Marketing} + \text{Investimento em Vendas} \div \text{Quantidade de consumidores}$$

$$\text{Investimento em Marketing} = \text{Salário das equipes} + \text{Custo de Ferramentas} + \text{Investimento em Publicidade}$$

$$\text{Investimento em Vendas} = \text{Salário das equipes} + \text{Custo de Ferramentas} + \text{Investimento em Ligações, Viagens}$$

Exemplo:

$$\text{Investimento em Marketing} = R\$\ 9.000,00$$

$$\text{Investimento em Vendas} = R\$\ 12.000,00$$

$$\text{Quantidade de Consumidores} = 20.000$$

$$CAC = R\$\ 9.000 + R\$\ 12.000 \div 20.000 = R\$\ 1,05$$

Com o cálculo, podemos perceber que a empresa tem um CAC de R$1,05. Ou seja, cada consumidor novo custa R$ 1,05 para a empresa.

Como usar a métrica CAC?

O CAC é uma métrica muito importante para qualquer tipo de negócio, pois é fundamental saber quanto está custando para a sua empresa trazer um consumidor.

Uma das maiores preocupações é ter um CAC que faça sentido para o seu negócio. Logo, não existe aqui uma receita de bolo que te dê um número mágico de qual o valor aceitável para o CAC da sua empresa.

É importante ter esse número sempre calculado para que você possa diminuir custos e não prejudicar o seu negócio.

Exemplo:

O Métricas Boss Prime, que é o maior streaming de Analytics da América Latina, custa, até o momento em que este livro foi publicado, a bagatela de R$ 347,00 por ano.

O ticket não é alto, dado que a assinatura é anual, o que significa que só há nova cobrança novamente em 12 meses. Logo, se meu CAC for de R$ 100,00, tenho um prejuízo bem alto. Mas se ele for de R$ 10,00, tenho lucro com o produto.

» O QUE É LTV?

O Lifetime Value (LTV), ou Valor Vitalício, mede o lucro líquido da vida de um cliente dentro da sua empresa. Em outras palavras, quanto ele gera de lucro para a empresa desde o momento que comprou o primeiro produto até o momento em que comprou o último produto.

Esta é uma métrica extremamente importante para qualquer tipo de negócio que vende mais de um produto ou trabalha com recorrência de compra, que nada mais é do que fazer o usuário comprar novamente de você.

O cálculo de LTV funciona da seguinte forma:

Imagine que um cliente fez quatro compras com você ao longo de um ano de relacionamento e que, depois de um ano, não comprou mais nada.

Cada produto que seu cliente comprou vai possuir valores diferentes, por exemplo:

1. **Compra** — R$ 347,00 (Métricas Boss Prime)
2. **Compra** — R$ 80,00 (Livro da Métricas Boss Prime)
3. **Compra** — R$ 5.000,00 (Anti-achismo Social Club)
4. **Compra** — R$ 49,90 (Camisa -Achismo +Dados)

Logo, o LTV desse cliente seria de R$ 5.476,90.

A métrica do LTV não é calculada de forma individual, por cliente, e sim incluindo a todos, afinal fazer o cálculo um a um não seria nada prático.

O ideal é você analisar os clientes de forma geral e conseguir encontrar qual é a média de valor gasto por eles, bem como seu tempo de permanência, para aí, sim, termos o LTV calculado.

9.5. MÉTRICAS DE TRÁFEGO

As métricas de tráfego são importantes para que você possa avaliar o desempenho das suas estratégias e campanhas de marketing e mensurar quantas pessoas estão visitando seu site, landing page ou aplicativo. Conheça as mais importantes para o seu negócio.

» O QUE É CPC?

CPC, ou Custo por Clique, é a forma de cobrança de players de publicidade, como o Google e o Facebook.

Esta é uma métrica simples, mas que ajudou (e muito) na evolução da publicidade digital. Quando o mercado digital iniciou suas formas de publicidade, elas eram baseadas na métrica de page views (algumas ainda são), que mede a quantidade de vezes que uma determinada página foi visualizada pelo usuário.

Como usar a métrica CPC?

Esta métrica irá te acompanhar eternamente quando se trata de tráfego, pois é a forma de cobrança da maioria das publicidades digitais. O que deve se ter em mente é que o CPC te ajuda a controlar os valores que podem ser gastos com seus anúncios.

» O QUE É CTR?

O CTR é a sigla para Clickthrough Rate, ou taxa de cliques. Esta métrica mede a quantidade de impressões que seu anúncio teve nas redes e a quantidade de cliques recebidos, sendo calculada da seguinte forma:

Exemplo:

$$(1.000 \text{ Cliques} \div 100.000 \text{ Impressões}) \times 100 = 1\%$$

No exemplo, um anúncio que possui 100.000 impressões e 1.000 cliques teria 1% de CTR, ou seja, de taxa de cliques.

Como usar o CTR?

Esta métrica é bastante importante para controlar a relação entre o seu anúncio, o texto, o criativo e a quantidade de exibição que se teve.

Se o seu anúncio está sendo muito exibido no Google ou com frequência alta no Facebook, isso significa que existe uma boa procura sobre o tema ou a palavra-chave que você comprou no Google, ou ainda que o algoritmo do Facebook está exibindo-o para mais pessoas que têm interesse no seu anúncio. Porém, se a taxa de cliques for baixa, isso significa que seu texto ou criativo precisa de alterações, pois não está induzindo as pessoas ao clique para conhecer mais sobre a empresa, produto ou oferta.

» O QUE É CPL?

CPL é a sigla para Custo por Lead, ou seja, o quanto a sua empresa está pagando por lead ou cadastro realizado em sua página ou site.

O CPL é calculado da seguinte forma:

Exemplo:

R$16.000 de investimento ÷ 8.000 leads = R$ 2,00

Isso significa que seu investimento de R$ 16.000,00 em publicidade trouxe, no total, 8 mil leads a um custo de R$ 2,00 cada.

Como usar a métrica CPL?

Esta é uma métrica importante para que você crie metas e entenda até onde consegue investir para captar leads. É bem relevante que você acompanhe esta métrica junto ao que falamos no tópico sobre métricas de e-commerce, como o LTV, pois seu custo por lead pode ser atrelado à taxa de conversão dos leads em compradores e, consequentemente, ao valor da vida útil dele com a sua empresa.

» O QUE É CPM?

O CPM é o Custo por Mil Impressões. Esta foi uma outra métrica que deu início à forma de cobrança da publicidade digital. Para cada mil impressões (medidas pela métrica de pageview) que seu anúncio tinha, você era cobrado sobre em cima desse alcance.

Esta é, ainda, uma métrica bastante utilizada em canais como Facebook e YouTube, mas também pode ser vista em anúncios em grandes portais, como Globo.com, UOL e afins.

» O QUE É POSIÇÃO MÉDIA?

Posição média pode tanto ser utilizada para anúncios no Google, como também para a parte orgânica em seu tráfego via SEO.

A posição média mostra em qual posição seu site está aparecendo na SERP (Página de Resultado de Busca do Google).

Como usar a métrica Posição Média?

A primeira coisa que você deve saber é, se alguém que trabalha com SEO prometer a primeira posição no Google, saiba que você está sendo enganado.

Existem diversos critérios para o ranqueamento do Google, e cada vez mais a plataforma vem privilegiando o usuário que navega por lá, deixando o jogo mais difícil para os sites. Utilize esta métrica para entender como suas páginas estão se posicionando no Google, tanto para o orgânico como para Ads.

» O QUE É FREQUÊNCIA?

A frequência se refere à quantidade de vezes que os usuários foram impactados pelos anúncios, e esta é uma métrica que calculamos como média, ou seja, jamais será exibida como um número inteiro. A frequência é calculada da seguinte forma:

Exemplo:

10 milhões de views ÷ 1 milhão de pessoas = Frequência de 10

Isso significa que, em média, as pessoas estão vendo até dez vezes seu anúncio nas mídias.

9.6. MÉTRICAS DE E-MAIL

» O QUE É TAXA DE ENTREGA?

A taxa de entrega se refere à quantidade de pessoas que receberam o seu e-mail. Pois é, quem acredita que todo mundo da lista receberá seu e-mail se engana. E é justamente para isso que a taxa de entrega funciona e é tão importante.

A métrica é calculada da seguinte maneira:

Imagine que seu e-mail foi enviado para 10 mil pessoas e que 9 mil receberam. Isso significa que sua taxa de entrega foi de 90%.

Como usar a métrica Taxa de Entrega?

Como falei, engana-se quem acha que todo e-mail será entregue, principalmente na caixa de entrada do usuário. Justamente por isso a taxa de entrega é algo tão importante, pois ela te ajuda a entender alguns pontos que passariam normalmente despercebidos. É importante entender que existem diversos motivos para que a sua taxa de entrega não seja 100%, e alguns principais são:

- Caixa de entrada do destinatário lotada.
- E-mail inválido.
- Conta de e-mail inexistente.
- Provedor que identifica seu domínio como spam.
- Qualidade do servidor de disparo.
- Reputação do domínio.

Por isso é muito importante enviar e-mails para as pessoas que autorizaram. Evitar fazer spam e não usar termos como "grátis" também são boas dicas, já que, em geral, são pontos que podem prejudicar a sua taxa de entrega.

» O QUE É A TAXA DE ABERTURA?

Taxa de abertura é a porcentagem de pessoas que abriram seu email marketing. Essa métrica é calculada com base na quantidade de pessoas que abriram o e-mail, dividindo pela quantidade de pessoas que receberam os e-mails.

Exemplo:

$$(1.000 \text{ aberturas} \div 10.000 \text{ pessoas na lista}) \times 100 =$$
$$10\% \text{ de taxa de abertura.}$$

Como usar a métrica Taxa de Abertura?

Segundo o Campaign Monitor, ferramenta de e-mail marketing largamente utilizada, as taxas de abertura tem média de 17,8%. Este é um ótimo parâmetro para você entender como está a sua taxa de abertura.

Esta métrica também ajuda a entender o *subject* (assunto) do e-mail enviado, uma vez que ele é o grande responsável por induzir e gerar o desejo nos receptores em abrir sua mensagem.

Utilize esta métrica como norte para te ajudar a entender quais assuntos mais geram aberturas de e-mails e se baseie nisso para conseguir idealizar novas chamadas.

» O QUE É LIST GROWTH RATE?

O list growth rate (taxa de crescimento da lista) é a métrica que calcula a quantidade de crescimento que a sua base de e-mails teve.

Basicamente, pegamos a quantidade de usuários que se descadastraram da base e diminuímos a quantidade de novos usuários que assinaram a sua newsletter ou se cadastraram em seu negócio.

Como usar a métrica List Growth Rate?

Sabe aquela máxima de que você não agradará todo mundo? Pois é, é normal que pessoas se descadastrem da sua base de e-mails. Segundo a Hubspot, essa taxa pode ser de até 25% ao ano.

Esta métrica é muito importante para você conseguir analisar, de fato, se está trocando usuários da base, ou se está crescendo de verdade a lista, pois, se a quantidade de pessoas que se inscrevem é a mesma de usuários que se descadastram, você está apenas substituindo alguns leads por outros (o que não é necessariamente ruim).

» O QUE É TAXA DE SPAM?

Esta métrica exibe a porcentagem dos seus e-mails disparados que foram parar na caixa de spam dos usuários da base.

Os provedores de e-mail tentam controlar ao máximo os tipos de ataques que possam ocorrer aos seus usuários, e com isso é normal que cada vez mais surjam exigências para que as empresas façam um bom trabalho. Nesse sentido, a taxa de spam é muito importante para você, que realiza ações de e-mail marketing.

Como usar a métrica Taxa de Spam?

Tente ficar bastante atento com essa métrica, pois ela pode fazer com que o seu domínio seja definitivamente associado a spam e seus e-mails não cheguem mais na caixa de entrada das pessoas.

Busque sempre fazer um trabalho íntegro, disparando e-mails apenas para quem autorizou, deixando visível a opção de descadastramento e seguindo as boas práticas do mercado.

9.7. MÉTRICAS DE INBOUND E CONTEÚDO

Embora inbound e conteúdo sejam coisas diferentes, juntei os dois porque ambos têm um grande objetivo em comum: gerar leads e vender.

» O QUE SÃO LEADS?

Leads são os contatos e cadastros que você coleta em seu site através de ações de marketing. São pessoas interessadas em algum produto ou serviço da sua empresa.

Como usar a métrica Leads?

Basicamente, toda empresa digital precisa capturar leads para iniciar o relacionamento com possíveis clientes. Para isso, separamos esses clientes em potencial em estratégias de captura e nutrição de leads.

As estratégias de aquisição de leads são aquelas criadas para podermos trazer novos leads para a base. E as mais comumente utilizadas são e-books, webinars, newsletters e outros conteúdos que façam as pessoas se interessarem pelo assunto e deixarem seu contato.

Já a estratégia de nutrição de leads é o que você vai fazer com esses contatos que se cadastraram na sua página ou site para baixar seu Ebook, acessar seu Webinar e afins. Você precisa se relacionar com essas pessoas para manter o lead interessado, e é aí que entram as estratégias de funil das quais provavelmente você já ouviu falar.

O e-book por si só não vai ajudar esse lead a comprar o seu produto, por exemplo. Você precisa se relacionar com ele, para que, no momento estratégico, possa ofertar o seu produto.

» O QUE É MQL?

MQL é a sigla para Marketing Qualified Leads. Este é o lead que se tornou potencial comprador da sua empresa, pois já entende o problema/dor que possui e sabe que a sua empresa pode solucioná-lo. Ainda assim, ele precisa engajar mais com a sua empresa até que possa ser passado para o time de vendas.

Como usar a Métrica de MQL?

Lembra-se do que falamos sobre a nutrição de leads? Para um lead se tornar um MQL ou até avançar ainda mais no funil, você precisa criar essa jornada.

Além disso, é muito importante a criação de parâmetros que possam identificar que esse lead se tornou um MQL, pois uma das coisas que mais vejo no mercado são os times de marketing não definindo esses parâmetros, correndo o risco de qualificar equivocadamente um lead.

» O QUE É SQL?

Sales Qualified Lead é o significado de SQL. Basicamente, estamos falando dos leads que saíram do estágio de MQL e avançaram em sua jornada até se tornarem um SQL. É netse estágio do funil que o comercial pode falar ativamente com ele sobre vendas, pois esse lead já foi bem nutrido (olha aqui de novo a nutrição de lead).

Como usar a métrica SQL?

Assim como falei na métrica de MQL, o aspecto mais importante é definir os parâmetros que fazem a empresa considerar que esse lead é um SQL.

Vou usar como exemplo o mercado de corretores de imóveis. Vejo muitas empresas realizando anúncios de captação de leads, e esse mesmo lead captado não recebe nenhuma informação antes de os corretores começarem a abordá-los com mensagens frias.

Quem acordou entre os corretores e os marketeiros que aquele lead que apenas se cadastrou nesta etapa já era um SQL? Quais são as informações que fazem os corretores saberem que a pessoa está nesse estágio da jornada?

Por falta dessas definições, os corretores informam que o time de marketing está levando leads "frios', enquanto o time de marketing diz que os corretores não estão com a abordagem correta. O resultado é um verdadeiro "toma lá, dá cá" que em nada resolve o problema.

» O QUE É O CUSTO POR SESSÃO?

O custo por sessão é a métrica que calcula quanto cada visita ao seu site custou para a sua empresa.

O cálculo desta métrica funciona da seguinte maneira:

Imagine que você fez R$ 6.000 de investimento, gerando 19 mil sessões no seu site.

$$\text{Custo por sessão} = 19.000 \div R\$\ 6.000 = R\$\ 3,16$$

No exemplo acima, cada visita ao seu site teria custado aos cofres da sua empresa R$ 3,16.

Como usar a métrica Custo por Sessão?

É importante saber que não existe uma bala de prata aqui, nem um número mágico de custo por sessão. O ideal é tentar sempre entender que quanto menor for esse número, melhor será para a sua empresa.

O que é lead scoring?

Quando falamos sobre o MQL e o SQL, eu mencionei que um dos maiores problemas das empresas é justamente não chegarem a um acordo sobre o que entendem como leads "frios", leads "quentes" e afins.

O lead scoring é justamente a métrica que vai te ajudar a entender a "temperatura", de acordo com o engajamento do usuário com seu site e campanhas, conforme descrevo a seguir:

Leads frios: leads que estão na base da empresa por algum tipo de campanha promovida, mas não estão interagindo com as novas ações e não estão evoluindo no processo de se tornar leads quentes.

Leads em evolução: contatos que estão interagindo com suas campanhas e conteúdos e estão evoluindo no funil, mas ainda não estão demonstrando sinais de interesse na oferta da sua empresa.

Leads quentes: são os leads ideais para apresentar ofertas, pois estão interagindo com as campanhas, demonstrando interesse no produto ou serviço e, muitas vezes, estão na urgência de um contato.

Como usar a métrica Lead Scoring?

Esta métrica deve ser usada com frequência para evitar que os times de marketing e vendas fiquem enrolados quanto à análise do lead. Quando tem o lead scoring da sua empresa bem definido, você jamais terá problemas em transformar um lead em um MQL ou SQL, pois não trabalhará com base em sua opinião, e sim nas métricas que os definem.

» O QUE É DURAÇÃO MÉDIA DA SESSÃO?

A duração média da sessão é uma métrica que indica o tempo médio que as sessões ficam no site. Se um usuário fica no site por três minutos e outro usuário por cinco minutos, a duração média da sessão se torna quatro minutos.

Como usar a métrica Duração Média da Sessão?

A duração média da sessão é uma métrica que pode (e deve) ser analisada por blogs e portais de conteúdo, pois ela é capaz de medir o tempo médio que as visitas do seu site permanecem dentro dele. Porém, caso tenha um e-commerce ou produto digital, seu uso deve ser feito de maneira diferente.

As ferramentas de Analytics, como o Google Analytics, têm uma forma de segmentar os usuários que acessaram o seu site de acordo com as páginas, dispositivos, navegadores e até mesmo comportamentos de compra. Se você quer analisar essa métrica para um e-commerce ou página de venda de um produto digital, segmente os dados dos usuários, já que dessa forma a métrica fará muito mais sentido. Veja só:

Imagine que a taxa de conversão do seu e-commerce é de 2%, ou seja, 98% das sessões do seu site não efetuaram um pedido. Neste caso, a duração média da sessão será baseada em 2% das sessões que compraram e 98% que não compraram. Isso significa que, analisando sem segmentação, você não terá uma visão clara do que essa métrica pode dizer sobre o comportamento dos usuários. Já com os segmentos, você pode separar a análise da métrica em:

- Sessões que acessaram o site e compraram.

- Sessões que acessaram o site e não compraram.

Essa segmentação fornecerá números bem diferentes, pois difere os acessos entre dois tipos opostos de comportamentos. Dessa forma, você terá uma métrica e uma informação muito mais úteis e fidedignas.

Se você tem um blog ou site de conteúdo, é possível utilizar esta métrica seguindo a mesma lógica, mas também pode analisá-la perante todas as sessões, já que, dessa maneira, terá uma visão geral de quanto tempo, em média, as pessoas ficam em seu site.

» O QUE É PÁGINA POR SESSÃO?

A página por sessão é uma métrica que calcula quantas páginas os usuários navegam em determinada sessão, dividindo-as pela quantidade de sessões do site.

Exemplo:

2 sessões

Sessão 1: 5 páginas acessadas.

Sessão 2: 3 páginas acessadas.

Páginas (8) ÷ Sessões (2) = 4

Assim como a duração média, esta pode ser considerada uma métrica burra se analisada perante todos os usuários de um e-commerce ou página de vendas. Por conta disso, ela deve ser analisada também de acordo com uma segmentação.

Mas, novamente, caso tenha um portal de conteúdo ou um blog, você pode e deve analisar esta métrica das duas formas: baseando-se em todas as visitas ou segmentando de acordo com o comportamento.

9.8. MÉTRICAS DE PRODUTOS DIGITAIS

Para acompanhar a performance da empresa, buscar novas oportunidades de negócios e entender a aceitação dos seus produtos digitais pelos clientes, é fundamental acompanhar algumas métricas específicas.

» O QUE É CHURN?

O churn é umas das principais, senão a principal e mais importante métrica para produtos digitais. O churn mede a percentagem de clientes que cancelaram ou pararam de consumir algum produto da sua empresa.

Como o churn é calculado?

Assim como em qualquer métrica, é importante definir o período analisado e, após essa definição, colocar os cálculos em prática:

$$\text{Clientes Perdidos} \div \text{Total de Clientes} \times 100$$

Para ficar mais claro, imagine que, em 30 dias, você teve 1.000 clientes, porém 100 cancelaram o seu produto naquele mês. Isso significa que você possui um churn de 10%.

$$\text{Clientes Perdidos} = 100$$

$$\text{Total de Clientes} = 1.000$$

$$\text{Churn} = 10\%$$

Como usar a métrica Churn?

É preciso usar o churn de maneira constante e realizar diversas pesquisas e análises que te ajudem a entender os motivos que fizeram as pessoas abandonarem o seu produto.

Os motivos podem ser os mais variados, e justamente a análise dessas "objeções" pode te ajudar a evoluir seu produto e cada vez mais reduzir o churn. Mas é importante ter em mente que sempre haverão consumidores que cancelam suas compras por motivos distintos e nem sempre poderemos resolver todos eles. Por isso, minha dica é: estabeleça uma meta realista de churn para o seu produto (0% não é uma opção).

Para finalizar, é ideal que você analise essa métrica com frequência, pois o seu número de assinantes jamais evoluirá se você tiver uma taxa de churn alta. A quantidade de novos usuários deve ser suficiente para aumentar o número geral de usuários do produto, e isso demonstra o quão fundamental é estar atento à retenção de assinantes, buscando estratégias para manter essas pessoas utilizando os produtos.

» O QUE É DAU, WAU E MAU?

As siglas DAU, WAU e MAU representam os termos Daily Active Users, Weekly Active Users e Monthly Active Users, ou seja, usuários ativos por dia, semana e mês. Estas métricas são muito importantes para todo e qualquer tipo de negócio digital, já que elas ajudam a entender a adoção do usuário quanto ao seu produto.

Como usar as métricas DAU, WAU e MAU?

Para mim, as métricas de DAU, WAU e MAU têm grande relação com o churn. Como a DAU, WAU e MAU ajudam a entender a frequência de uso do seu assinante, você precisa entender que, quanto menos ele usar o produto, maior será a propensão ao cancelamento.

Perceba a Disney+, por exemplo: o streaming possui em seu catálogo diversos conteúdos repetidos ou antigos e, ao mesmo tempo, precisa aumentar a frequência de uso de seus assinantes. O que eles fazem?

Diferentemente da Netflix, por exemplo, que sobe todo seu catálogo na plataforma, a Disney+, na maioria das vezes, libera os episódios das suas séries semanalmente. Entre o fechamento de uma temporada e o início de outra, a Disney+ também inclui filmes exclusivos na plataforma, criando novidades o tempo todo. O motivo por trás dessa estratégia é fazer com que os assinantes possam acessar a plataforma toda semana e, assim, os manter engajados e motivados a continuar pagando a assinatura.

» O QUE É ARPU?

Average Revenue per User, ou Receita Média por Usuário, é outra métrica muito importante para empresas de produtos digitais e de assinatura, sendo fundamental para medir a saúde financeira do seu produto.

Como o ARPU é calculado?

$$\text{Receita do período} \div \text{Usuários do período} = \text{ARPU}$$

Primeiramente, como sempre, é muito importante que você defina o período que será analisado, como, por exemplo, 12 meses ou 6 meses. Com isso definido, podemos fazer o cálculo da métrica.

Imagine que em um ano de funcionamento da sua empresa a receita foi de R$ 800.000,00, e que a média de clientes no período foi de 3.200. Logo, o ARPU da empresa foi de R$ 250,00 por cliente no período analisado.

Como usar a métrica ARPU?

O ARPU te ajuda a encontrar oportunidades de gerar receita e a entender os motivos e quais são os padrões que fazem esta métrica ser maior ou menor. Justamente por isso é tão importante fazer o devido comparativos entre os períodos.

» O QUE É MRR?

Monthly Recurring Revenue, ou Receita Recorrente Mensal, é a receita previsível que a empresa pode ter através dos seus produtos digitais. É considerada uma das métricas mais importantes para negócios SaaS e de recorrência.

Como o MRR é calculado?

Imagine que você tem um produto de assinatura com 500 usuários com planos que variam entre R$ 50,00 por mês e R$ 120,00 por mês. Dentre 500 usuários, 200 pagam R$ 50,00, e os demais 300 assinam o plano mais caro, de R$ 120,00. Nesse caso, seu MRR é de:

$$200 * R\$ 50 = R\$ 10.000$$

$$300 * R\$ 120 = R\$ 3.600$$

$$MRR = R\$13.600$$

Como usar a métrica MRR?

O ideal é sempre acompanhar a evolução do seu MRR para entender como está a sua receita recorrente mensal, já que essa previsibilidade é o principal diferencial para quem trabalha com produtos digitais.

É muito importante analisar o seu MRR junto com o churn, pois essa relação te ajudará a entender melhor como está o seu produto.

» O QUE É ARR?

ARR significa Anual Recurring Revenue, ou seja, Receita Recorrente Anual. Esta métrica é praticamente igual ao que vimos anteriormente com o MRR. A diferença está no período analisado, já que a ARR mede a receita recorrente anual, em vez da mensal.

Esta métrica é ideal para produtos como o Métricas Boss Prime, que tem plano de assinatura anual. Se seu produto é de assinatura mensal, você também pode calcular o ARR, mas deverá analisar os clientes que estão ativos no ano, pois são eles que terão gerado a receita recorrente anual.

» O QUE É NPS?

O NPS, ou Net Promoter Score, é basicamente o nível de lealdade que seu consumidor tem com seu produto, negócio ou marca, e mede, por exemplo, o interesse do cliente em voltar a consumir seus produtos/serviços, ou se indicaria o seu produto para outras pessoas.

De forma geral, o NPS separa seus clientes entre neutros, detratores e promotores.

Neutros: as notas entre 7 e 8 são consideradas neutras, pois aqui não conseguimos medir se os usuários tiveram uma experiência ruim ou excelente. Nesses casos, os consumidores simplesmente usaram seu produto, mas não odiaram e nem amaram.

Promotores: as notas entre 9 e 10 são consideradas promotoras, pois essas pessoas tiveram uma experiência *UAU* com seu produto — além de amarem o seu negócio, elas compartilham essa experiência positiva e influenciam novas pessoas a comprarem seu produto ou serviço. É por isso que as chamamos de promotores.

Detratores: as notas entre 0 e 6 são consideradas as notas dos detratores. Estes são os assinantes que tiveram uma péssima experiência com seu produto, seja por simplesmente não terem gostado, seja por algum outro tipo de problema, como uma experiência ruim de atendimento. Os detratores são aqueles que, muito provavelmente, deixarão suas opiniões públicas a fim de influenciar outras pessoas contra a sua marca.

Como o NPS é calculado?

O NPS é calculado de 0 a 100, de acordo com a pesquisa que você gerou com seus consumidores. Para utilizá-lo da melhor maneira possível, é essencial definir rotinas para a realização da pesquisa de NPS.

O cálculo de NPS é basicamente o seguinte:

$$\% \text{ de Promotores} - \% \text{ de Detratores} = NPS$$

$$\% \text{ Promotores} = \text{Total de promotores} \div \text{Total de respondentes}$$

$$\% \text{ Detratores} = \text{Total de detratores} \div \text{Total de respondentes}$$

Imagine que você rodou uma pesquisa e que nela tenha conseguido 78% de promotores e 22% de clientes detratores. Logo, seu NPS é de:

$$78\% - 22\% = 56$$

Como usar a métrica NPS?

Alcançar um NPS alto é bem difícil. Para você ter dimensão, empresas como a Netflix têm um NPS de 68. O da Apple, por exemplo, é de 72. Mas saber a sua nota não basta. É fundamental entender que é preciso focar e evoluir o seu NPS com frequência, pois ele te ajudará a entender como está a visão do seu produto para os assinantes/usuários.

Tenho certeza de que você deve estar se perguntando qual é o NPS ideal — e para mim, é o de, no mínimo, 80. Ou seja, quando as pessoas começam a deixar de ser neutras para se tornarem promotoras. Esse é o caso da Tesla, por exemplo, a marca de carros inteligentes de Elon Musk, que possui um NPS de 92. Felizmente, é também o caso do Métricas Boss Prime, que tem um NPS de 86.

Falando em Métricas Boss Prime, gostaria de presenteá-lo com um benefício da nossa plataforma. Mande uma mensagem pra mim no instagram @estevesgea com essa página do livro que seu mimo será garantido. ;)

10. KILL THE H.I.P.P.O.

Acredito que MUITOS sites são ruins pois os HIPPOS o criaram! HIPPO é um acrônimo para opinião da pessoa mais bem paga

– Avinash Kaushik

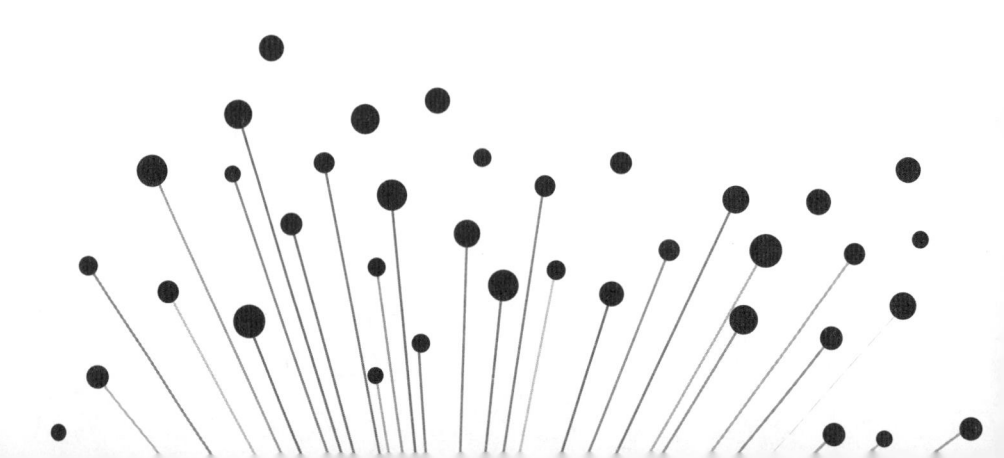

Apesar de *hippo* significar "hipopótamo" em inglês, muitos anos atrás começaram a utilizar a sigla como um acrônimo para *Highest Paid Person's Opinion*, que pode ser traduzido como "Opinião da Pessoa Mais Bem Paga".

Com toda a certeza, ao longo de sua trajetória profissional você se deparou com um HIPPO, que nada mais é do que aquela pessoa que tem paixão por tomar decisões simplesmente com base no seu próprio umbigo.

Nas empresas mais tradicionais, o HIPPO é quem toma as decisões finais, geralmente baseadas em achismos e no seu próprio histórico profissional, muitas vezes, já defasado.

As empresas mais modernas estão trabalhando fortemente na substituição dos HIPPOs para privilegiar pessoas como você, que estão tomando decisões baseadas em dados. Afinal, é somente através de métricas que nos tornamos capazes de parar de dar opiniões e trabalhar com fatos.

Os clássicos HIPPOs são fáceis de identificar: aquele cara sentado atrás da mesa que tem certeza de que a sua forma de gerir o negócio é a única certa. Vou te contar um caso desse.

Certa vez, uma empresa gigante do Rio de Janeiro, que possui um e-commerce, contratou a Métricas Boss para analisar as métricas do seu site e ajudá-los no estabelecimento de uma cultura de transformação digital dos seus clientes.

A ideia era mostrar para os clientes que, fazendo os pedidos de forma online, eles teriam muito mais agilidade e reduziriam custos com ligações telefônicas. Para mostrar as vantagens das compras online, fizemos uma análise de gastos que os clientes tinham fazendo seus pedidos via telefone; assim, provamos que até valor do frete (que já era uma objeção) saía mais barato do que os longos minutos passando o pedido do jeito antigo.

Nesse caso, além de "aculturar" os antigos clientes, tínhamos o desafio de trazer novos consumidores para o e-commerce. Então, basicamente precisávamos atualizar os que precisam ser atualizados e gerar novas oportunidades de venda para a empresa.

Analisando todo o cenário, percebemos que havia uma campanha online específica que não gerava qualquer resultado e que consumia 2 mil reais por mês da verba de marketing. Apesar de não ser um valor relevante para uma empresa daquele porte, ainda assim era dinheiro sendo jogado no lixo.

Provamos por a+b que aquela campanha não fazia sentido e que poderíamos utilizar aquela verba em outras iniciativas, mas fomos surpreendidos pela equipe dizendo que não poderíamos mexer naquela campanha.

Visivelmente nervosa com a situação, a gerente nos convidou para conversar com o dono sobre o assunto. Chegando à sala dele, nos deparamos com o típico HIPPO: um homem com cara de marrento e postura de quem manda em tudo.

Durante a conversa, descobrimos que aquela campanha servia única e exclusivamente para os anúncios aparecerem para ele. Ou seja, a equipe gastava 2 mil reais por mês para que o dono da empresa visse os anúncios.

Para tentar reverter essa situação completamente sem sentido, questionei: "Você compra no site da empresa?". Ele disse que não. Então, respondi: "E por que o anúncio precisa aparecer para você? Anúncios online não são outdoor ou revista. No digital, nós conseguimos atacar diretamente o target, e você não é o público. Por isso, em vez de achar ruim, você deve ficar feliz pelo fato de a campanha não estar atingindo pessoas que não são as que devem ser impactadas".

Mesmo com a explicação, ele disse que gostaria de continuar vendo as campanhas. Perguntei, então: "Baseado em quê?". E recebi a resposta de milhões: "Baseado no que eu quero".

No final das contas, o umbigocentrismo venceu mais uma vez. Ele realmente preferiu continuar jogando os 2 mil reais no lixo, sendo que essa verba poderia aumentar as vendas no seu e-commerce.

Este é o exemplo clássico que prova que há uma superpopulação de HIPPOs no planeta. Mas agora está aberta a temporada de caça aos HIPPOs!

Obviamente, não faço apologia ao ódio ou violência. Tudo isso não passa de uma metáfora para te dizer que não há mais espaço para tomar decisões sem fundamentos em dados. Não quero inspirar as pessoas a serem rudes ou babacas, mas é minha obrigação tentar fazer com que você utilize dados que gerem base de argumentos para combater o HIPPO.

É claro que muitas pessoas dependem de seus empregos, e que há certo medo de argumentar com os HIPPOs. Afinal, de fato, eles podem ser bastante intimidadores. Mas quero que você veja essa situação por outro lado: não argumentar pode ser muito mais prejudicial.

Se o HIPPO diz que determinada situação deve ser conduzida de determinada forma e você sabe que aquilo não vai dar certo, quando os resultados forem ruins a responsabilidade, infelizmente, será sua.

Equipes não são pagas para concordar com seus gestores, e sim para argumentarem e serem melhores do que eles. Veja, não quero que você assuma uma postura arrogante, mas, sim, que desenvolva habilidades de argumentação baseadas em dados para conseguir provar o seu ponto.

Essa habilidade é tão importante, que já existe um conceito chamado *data storytelling*, que é a prática de traduzir as análises de dados para uma linguagem acessível, a fim de contextualizar e explicar fatos, visando a orientação de ações e tomadas de decisão. Essa técnica segue os mesmos princípios do storytelling convencional, mas com uma diferença: o uso de dados na sua construção. A ideia, aqui, é ser o menos técnico possível.

Na maioria dos casos, esse tipo de storytelling é construído em forma de gráficos, mas utilizando como pilares o começo, meio e fim para ser melhor explicado. Um bom storytelling de dados facilita a compreensão das informações.

Para saber mais sobre o assunto, te convido a assistir ao vídeo "Como transformar os dados em uma narrativa envolvente?", através do QR Code abaixo.

Provar as suas ideias e responsabilizar as más escolhas é a melhor forma de enfrentar um HIPPO.

Certa vez, uma farmácia decidiu contratar uma ferramenta premium que custaria R$ 1.200.000,00 por ano, ou seja, 100 mil reais por mês. Durante a consultoria, provamos que aquilo não era necessário, já que a ferramenta suportava, de forma gratuita, um volume de 10 milhões de dados por mês, e havia uma métrica específica que estava consumindo 30 milhões de dados. Sim, era essa a única métrica que estourava o plano.

Investigamos quem utilizava aquela métrica e, como já era de se esperar, responderam que ninguém usava. Felizes em dar a boa notícia da economia de 1,2 milhão de reais por ano, fomos surpreendidos pela resposta do HIPPO, que disse que gostaria de manter a métrica, caso algum dia ela fosse necessária.

Diante da situação, expliquei que o "se um dia precisar" custaria R$ 1,2 milhão aos cofres da empresa, e que ela quisesse mesmo assim, não haveria problema algum, mas eu formalizaria por e-mail que aquela métrica não era necessária.

O que quero te mostrar com o exemplo acima é que a forma mais sadia de enfrentar um HIPPO é transformando sua decisão em uma pergunta capciosa, responsabilizando-o pelo risco.

Espero que você termine este livro pronto para me ajudar a combater a superpopulação de HIPPOs.

11. COMO TRANSFORMAR DADOS EM EXECUÇÃO

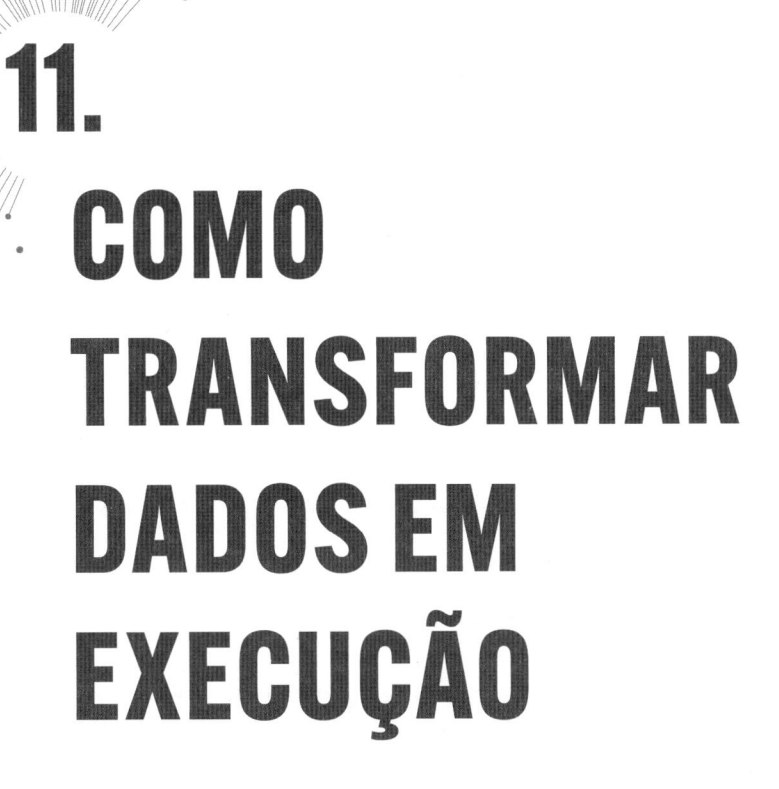

A qualidade da análise vai de acordo com a qualidade do briefing, por isso, uma das maiores qualidades de quem trabalha com dados é entender contexto e fazer perguntas

– Maria Fernanda Neurauter

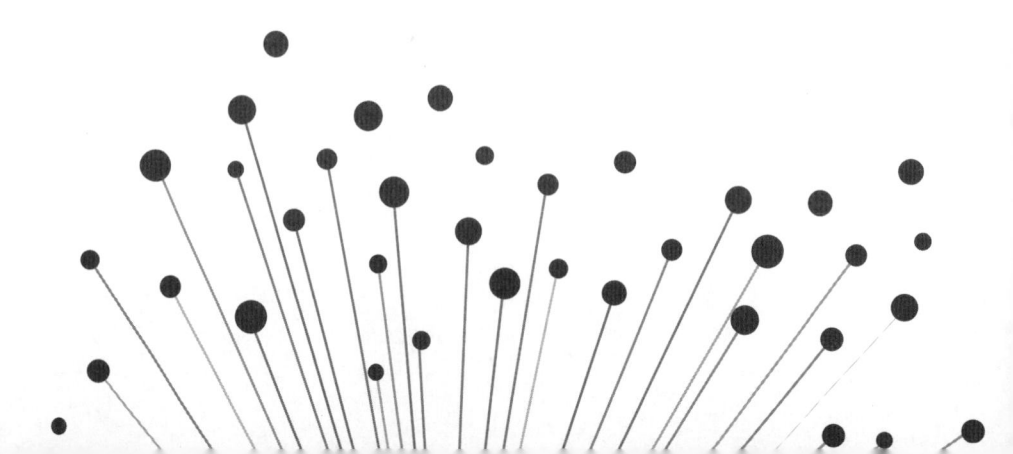

Como falei diversas vezes ao longo deste livro, existem dois tipos de pessoas quando se pensa no mundo de Analytics: quem lê dados e quem interpreta dados.

O leitor de dados não precisa ter habilidades específicas, exceto, obviamente, saber ler. Basta olhar a ferramenta, que já calcula automaticamente, ver que métricas caíram ou cresceram e pronto. Infelizmente, a maioria das pessoas se encaixa nesse grupo, porque ler dados não gera qualquer tipo de complexidade.

Por acaso você já viu um leitor de dados em uma reunião? Ele cria um relatório com dezenas de páginas, mostra que o número de pedidos caiu em X% e que a receita cresceu em Y% naquele mês, mas não explica nada.

Se você já viu alguém fazer isso, ou até mesmo se você mesmo já tiver feito isso, fique tranquilo. Trabalhar dessa forma não está errado, mas não é dessa maneira que se transforma dados em execução.

Um verdadeiro analista, como o próprio nome diz, faz análises. Ou seja, interpreta essas informações. Quando um verdadeiro analista apresenta seu relatório, ele mostra que houve uma queda no número de pedidos, porque a campanha que gerava mais tráfego e mais vendas no site foi paralisada, por exemplo. Ele justifica o porquê daquele resultado.

Para falar de análise e de transformar dados em execução, precisamos começar com perguntas.

- O que estou buscando nessa ferramenta?
- O que preciso saber?
- Por que preciso saber?

Em geral, os leitores de dados não sabem o que estão procurando e nisso as ferramentas, definitivamente, não ajudam, pois elas não dizem o que você deve analisar.

As ferramentas disponibilizam os dados, mas é você quem tem que saber o que quer. E esse é um dos grandes erros das pessoas: esperar que as ferramentas deem as respostas. Mas como elas farão isso se as pessoas nem sequer sabem quais são as perguntas? Por isso, a primeira etapa para transformar dados em execução é criar uma pergunta.

A segunda parte do processo é abrir a ferramenta de Analytics para que ela te ajude a responder a essa pergunta, seja a partir dos relatórios prontos ou de relatórios que você mesmo precise montar. Meu conselho é que você parta sempre da premissa de duvidar de tudo para justificar seus atos com base em lógica.

O terceiro ponto é o principal: tomar decisões baseadas naquilo. É nesse momento que você vai gerar hipóteses sobre os dados, como, por exemplo, pausar uma campanha que não está performando há três meses ou encontrar formas de otimizá-la para ver se ela volta a performar.

Imagine que você tem um aplicativo que exige que a pessoa coloque seu CEP todas as vezes em que acessa a plataforma. Analisando os dados, você descobre que é nessa etapa que as pessoas simplesmente abandonam o app. Nesse caso, sua hipótese poderia ser algo como: se tirar a obrigatoriedade do CEP, as pessoas acessarão mais o aplicativo. E é aí que caímos na quarta etapa, que é literalmente executar a decisão tomada. Por fim, o quinto passo é a mensuração dos resultados da decisão tomada e trabalhar em sua otimização.

Veja que em nenhum momento falei para você olhar para trinta métricas diferentes, e sim manter o foco em responder uma pergunta inicial. Essa é a base de tudo e o que guiará todos os outros passos.

Acredite, é muito melhor ter uma reunião de uma hora para discutir o comportamento de uma métrica específica e sair com uma hipótese definida do que olhar para dezenas de métricas e não fazer nada com elas. Quando a gente fala em criar uma pergunta, o objetivo é exatamente ter foco.

Imagine que você tem um restaurante que dá de presente um minibrigadeiro de sobremesa a todos que almoçam lá, e você precisa descobrir se esse esforço realmente vale a pena.

Para chegar a uma conclusão, você precisa fazer duas perguntas: quanto o brigadeiro custa e quanto de valor as pessoas enxergam nessa iniciativa?

Para responder a isso, obviamente você precisa de um relatório com dados. No caso do restaurante, imagine que você não tenha esses dados, portanto será necessário fazer uma pesquisa e conversar com os clientes. Que tal questioná-los com perguntas como:

- Você gosta desse brigadeiro?
- Você entende que isso é um brinde?
- Se eu não te desse o brigadeiro, você deixaria de almoçar aqui?

Com os dados coletados, é hora de analisá-los.

Nesse nosso cenário do restaurante, suponha que a maioria das pessoas sabiam que aquilo era um brinde, que muitos disseram gostar do mimo, mas que vários outros disseram que já estão enjoados ou que não dariam falta.

Será que valeria a pena dar um doce diferente ou simplesmente tirar o mimo e reduzir os custos? É hora de tomar uma decisão e colocar a hipótese em ação!

Após determinado tempo, você precisa repetir a pesquisa, adaptando as perguntas para a nova realidade.

- Você sabia que antes a gente dava brigadeiro para todos que almoçavam aqui?
- Você sente falta do brigadeiro?
- Você gostaria de ter um outro doce de presente?

Com esses dados em mãos, é hora de repetir o ciclo. Isso é passar de leitor para se tornar analista.

Um ponto muito importante sobre o nosso trabalho é que existem muitas pessoas que dizem que fazem análise de dados, mas, na verdade, o que elas estão fazendo é o que chamo de análise reativa: é o ato de medir resultados após uma determinada ação. Preciso que você saiba que isso não é diferencial, e sim obrigação.

Para transformar dados em execução, é preciso trabalhar com análise proativa, que é o processo constante de análise que nos ajuda a entender como sair da inércia e realmente trabalhar a partir de uma perspectiva orientada a dados.

Obviamente, fazer análises reativas é normal e faz parte do dia a dia, mas esse não pode ser seu foco principal. É necessário ter aquele "comichão" para pensar no que fazer além do óbvio. Não esperar alguém chegar com algum problema ou solicitar um relatório.

Nunca espere que algum problema aconteça. Gere hipóteses o tempo todo para fazer descobertas constantes e assim identificar os sinais antes que eles se tornem um problema.

Após todos esses anos atuando com digital analytics, desenvolvi uma técnica que permite que você faça análises muito mais objetivas e claras: **OPC**.

Como você deve imaginar, cada letra da sigla tem um significado, e essa é a base para que você não se perca na hora de transformar os dados em informações úteis para o negócio: o quê, por quê e como.

» O – O QUE ESTAMOS ANALISANDO?

É muito importante deixar claro o que está sendo analisado, e por isso é importante sempre incluir a informação e o período em questão. Dessa forma, a informação fica em uma descrição fácil de entender, por exemplo:

- Período: Janeiro 2019 x Janeiro 2018
- Taxa de conversão em queda de 20%

» P – POR QUE É IMPORTANTE ANALISAR ISSO?

Um dos pontos mais importantes de ter em mente para transformar dados em execução é explicar por que é importante analisar aquele dado. Nesse ponto, você entende o porquê do comportamento daquela métrica e o motivo pelo qual é importante acompanhar o seu desempenho.

» C – COMO RESOLVER OU MANTER?

Na última linha da metodologia OPC, temos a definição da nossa análise. Agora que explicamos o que estamos analisando e por que é importante, temos que dar a nossa decisão final, na qual explicamos o insight tirado dessa explicação.

É aqui que você define as próximas informações a serem testadas e/ou executadas, formalizando a hipótese que será trabalhada na próxima etapa.

Para você entender como tudo isso funciona na prática, separei diversos cases que vão te ajudar a implementar essas estratégias no seu negócio.

Mas atenção:

1. Não adianta ler o livro e se inspirar nos cases sem colocar os ensinamentos em prática, pois somente a teoria sem a execução é que forma os cases de fracasso.

2. Os cases que vou apresentar foram desenvolvidos em empresas que aplicaram os métodos ensinados no livro, dando liberdade para os seus times trabalharem com essa metodologia. Durante a sua jornada haverá problemas, mas o diferencial estará no quanto você está disposto a defender sua tese baseada em dados e no quanto a empresa também está comprometida com a ação.

3. Estou trazendo cases da metodologia desenvolvida na Métricas Boss, mas com certeza há diversos outros cases importantes que não seguem esse método. Fique à vontade para compartilhar comigo os seus cases, sua experiência com a metodologia e as suas dificuldades, pois minha missão é te ajudar a ter sucesso no mundo de Analytics.

11.1 CASE MÉTRICAS BOSS

Alguns anos atrás, o blog da Métricas Boss havia conquistado certa audiência após centenas e centenas de posts, mas havia um problema: não sabíamos mais sobre o que escrever.

Para resolver a nossa dificuldade de criação de pautas, implementamos o Google Analytics para analisar o relatório de pesquisa, visando o entendimento sobre o que os usuários do nosso site estavam procurando lá dentro.

O objetivo era, obviamente, unir a lei da oferta e procura. Baseado no questionamento sobre o que as pessoas estavam pesquisando dentro do nosso site, analisei o relatório e descobri quais as principais palavras-chave e sentenças procuradas que tinham como resposta "resultado não encontrado".

Com a análise desses dados, tomei uma decisão: em vez de escrever pautas que eu acreditava serem interessantes para o público, ordenei as pesquisas realizadas dentro do site, definindo os termos mais buscados, e comecei a produzir os artigos.

Para garantir tráfego para o site, os conteúdos foram construídos com base em técnicas de SEO, o que permitiu um bom ranqueamento no Google. Hoje, a Métricas Boss tem mais de 90% dos acessos vindos do Google e quase 500 artigos publicados.

Agora, veja como a metodologia OPC pode ser aplicada nesse caso:

O: precisávamos produzir mais conteúdo.

P: porque senão teríamos muita dificuldade de crescer o blog em número de acessos.

C: analisando a busca que as pessoas fizeram no nosso site para suprir as suas necessidades.

Momento irado: aumentar a produção de conteúdo e tornar mais de 90% do tráfego do blog originado do Google.

11.2 CRESCIMENTO DE 59% NAS VENDAS DE SUPERMERCADO ONLINE

Muito do que você está vendo neste livro pode ser aplicado na resolução de um problema, mas não só isso. E este case vai te mostrar o porquê.

O supermercado em questão vendia a linha hortifrúti em demasia no físico, mas no online essa categoria representava apenas 2% das vendas. Diante desses resultados, comecei a me questionar sobre qual o motivo de as pessoas não comprarem frutas, legumes, hortaliças e verduras pela internet. Nesse caso, olhar para as ferramentas e ter como base apenas dados quantitativos não seria suficiente. Era preciso ter dados qualitativos.

Com essa necessidade em mente, fomos até a loja física com uma prancheta e uma caneta em mãos — vejam só, sem qualquer recurso tecnológico — para observar o supermercado e o comportamento das pessoas na área de hortifrúti. Durante a observação, percebemos que as pessoas cheiravam, analisavam e tocavam nos produtos, o que se torna inviável em uma loja online. Além disso, foi possível observar que as pessoas não compravam por peso, e sim por quantidade, o que também poderia atrapalhar as vendas no e-commerce.

Com base nesses dados quantitativos e qualitativos, entendemos que as pessoas no e-commerce não podem escolher suas frutas, algo considerado essencial, e não têm noção suficiente para fazer a compra por quilo. Você sabe, por acaso, de cabeça, quantas maçãs equivalem a um quilo?

Diante desse cenário, fizemos duas adaptações no site: passamos a permitir que as pessoas explicassem como queriam o produto a partir de três opções — frutas maduras, verdes ou se o shopper poderia decidir — e substituímos a compra por quilo pela opção de compra por unidade.

Obviamente, após as mudanças, foi necessário estabelecer um tempo de maturação para avaliar os resultados. No mês seguinte aumentamos em 75% o número de pedidos que continham produtos da linha hortifrúti e crescemos em 59% a receita do e-commerce.

Agora, veja como a metodologia OPC pode ser aplicada nesse caso:

O: precisamos aumentar a venda do setor de hortifrúti.

P: porque a linha de hortifrúti representa parte importante do faturamento da empresa.

C: baseados em dados, descobrimos que as pessoas não compravam no site porque querem comprar em unidade e decidir as características específicas do produto desejado.

Aplicada a decisão, o momento irado da análise foi: apenas 2% das vendas do e-commerce vinha do hortifrúti; fizemos a mudança que possibilita ao cliente a escolha pelo recebimento de uma fruta madura, verde ou deixar ao encargo do shopper; e passamos a vender os produtos por unidade. Com isso, aumentamos em 59% a receita do site e em 75% as vendas do hortifrúti online.

11.3 AUMENTO NA RETENÇÃO DO CANAL DE ESPORTES NO YOUTUBE

Um grande canal de TV, que também tinha presença no YouTube com um canal esportivo, chamou a Métricas Boss para entender os dados e, em cima desses dados, ajudar na criação de novos programas para o canal. Com o desafio em mãos, fizemos a primeira pergunta: o que faz um vídeo ser bom ou ruim?

No caso do YouTube, conseguimos olhar métricas de views (quantas vezes aquele vídeo foi visualizado) e de retenção (até que parte dos vídeos as pessoas assistiram). Estas eram as duas métricas mais importantes para o negócio.

Em cima disso, isolamos os vídeos a partir das métricas de views e retenção e passamos a analisar o que faz os vídeos bons serem bons e os vídeos ruins serem ruins. Percebemos que os vídeos bons tinham, em sua maioria, mais de um apresentador e que, no caso dos que tinham mais de 15 minutos de duração, a retenção era maior quando o foco do assunto era algum time brasileiro. Quando o conteúdo era sobre um time internacional, havia queda de retenção.

Diante desse cenário, chegamos ao primeiro ponto de tomada de decisão: talvez fosse interessante fazer vídeos sobre times internacionais com menos de 15 minutos, pois percebemos que os vídeos de até 10 minutos tinham boa retenção. Para os times nacionais, decidimos fazer vídeos de até 15 minutos, pois havia queda de retenção apenas a partir do 16º minuto.

A segunda parte da análise foi olhar para os concorrentes. Percebemos que os concorrentes que trabalhavam temas relacionados às curiosidades sobre futebol tinham maior retenção. Descobrimos, então, que os vídeos sobre times nacionais com conteúdos curiosos performavam melhor do que os vídeos sobre times nacionais que não continham curiosidades.

Com tudo isso posto, chegamos finalmente à fórmula do vídeo ideal: vídeos de até 15 minutos sobre times nacionais, com curiosidades e dois apresentadores. E foi assim que a equipe parou de produzir conteúdos em cima do que o apresentador queria, passando a criar os programas em cima de dados.

Durante as análises, e para a construção do conteúdo certo, estudamos as tendências para o YouTube com base na ferramenta Google Trends. Também usamos as próprias ferramentas do YouTube para descobrir os termos mais buscados na plataforma, o que rendeu 12 episódios. Em cima disso, partimos para a execução e fizemos um teste, levando ao ar um programa com dois apresentadores, um homem e uma mulher, falando sobre times nacionais e curiosidades ao longo de 15 minutos.

Resultado: em termos de audiência, foi a maior estreia mundial da história dos canais de futebol no Youtube.

Agora, veja como a metodologia OPC foi aplicada neste caso:

O: análise de por que alguns vídeos e ram bons e outros ruins.

P: isso iria nos orientar a produzir conteúdos com maior probabilidade de serem assistidos.

C: fazendo vídeos de até 15 minutos, sobre times nacionais, com fatos curiosos e dois apresentadores.

> O momento irado foi, sem dúvidas, a tão bem-sucedida estreia do novo quadro.

11.4 DEMANDA REPRIMIDA EM UM E-COMMERCE DE PIZZA

Uma grande pizzaria, com várias lojas físicas Brasil afora, não tinha o hábito de abrir na hora do almoço, tanto para as operações online quanto para as físicas. Segundo a diretoria, abrir na hora do almoço gerava maus resultados, pois as pessoas não costumam comer pizza no almoço.

Para checar a veracidade dessa informação e descobrir se haveria uma oportunidade interessante para o negócio, utilizamos o Google Analytics, no qual tivemos acesso a dados importantes, como a quantidade de vezes que alguém entrou no site, pesquisou seu CEP e recebeu uma notificação de que a loja estava fechada naquele momento.

Com base nisso, passamos a analisar essa informação olhando para a hora do almoço, das 11h às 14h, visando entender a quantidade de pessoas que acessavam o site no período. Separamos, então, todos os CEPs por região para agrupá-los de acordo com as lojas que poderiam atendê-los. Assim, percebemos que havia uma série de pesquisas (feitas durante o horário de almoço!) que poderiam ser atendidas por algumas unidades específicas.

Com o estudo, conseguimos mostrar para o cliente a oportunidade que ele tinha ao abrir naquele horário, pois, ao contrário do que ele achava instintivamente, havia, sim, uma demanda reprimida. Tomamos a decisão de testar para conferir se era mesmo um bom negócio deixar aquelas unidades abertas na hora do almoço. No teste nessas unidades, foi percebido um aumento da taxa de conversão. Antes da ação, o site convertia de 2 a 3% e nas poucas unidades que fizemos o teste esse número saltou para 5%.

Veja como a técnica OPC foi aplicada nesse contexto:

O: análise para saber se havia demanda reprimida para a entrega de pizzas na hora do almoço.

P: Para entender se valeria ou não a pena abrir a pizzaria durante o período das 11h às 14h, pois acreditavam que a hora do almoço não era relevante para o negócio.

C: Fazendo testes em algumas regiões, baseados nos CEPs de maior demanda, para obter o resultado.

E o momento irado foi o fato de termos conseguido comprovar que a taxa de conversão nas unidades testadas foi superior, alcançando os 5%. Com isso, a rede passou a abrir diversas unidades na hora do almoço, e até hoje os CEPs são analisados trimestralmente para orientar as franquias a abrirem ou não durante esse período do dia.

11.5 DESCOBERTA DE OPORTUNIDADE EM UM SHOPPING DO RIO DE JANEIRO

Uma grande rede de shoppings não sabia como cobrar pelos espaços de loja. E essa era, de fato, um grande desafio, afinal, como saber qual o melhor andar para precificar os espaços do shopping de acordo com as áreas de maior fluxo de pessoas?

Para os visitantes poderem usar o WiFi do shopping, era preciso fazer o cadastro na rede, e com isso pudemos descobrir os andares que os visitantes mais passavam e em quais áreas essas pessoas se mantinham mais tempo paradas. Dessa maneira, pudemos orientar os shoppings sobre quais áreas eram mais nobres e onde havia mais circulação de pessoas, o que contribuiu para uma melhor estruturação em relação à precificação dos espaços para as lojas.

Com os dados, também orientamos a diretoria de que devia acontecer uma mudança nos fluxos das escadas rolantes para forçar as pessoas a passarem pelas áreas de menor circulação e melhorar o fluxo das lojas.

Veja como a metodologia OPC foi aplicada nesse caso:

O: precisávamos descobrir as áreas nobres do shopping.

P: para ajudar na cobrança pelos espaços das lojas.

C: descobrindo pelos cadastros no WiFi os andares mais acessados e as áreas onde as pessoas mais paravam.

Momento irado: a troca da escada rolante, forçando a passagem de pessoas por lojas que elas não passariam e aumentando, consequentemente, a entrada e as vendas nesses estabelecimentos.

---

12. COMO CONTAR HISTÓRIAS COM DADOS

A função elementar do marketing é contar uma boa história, gerar percepção de valor e criar um posicionamento na mente do cliente

- Rafael Rez

Um dos maiores desafios de quem trabalha com dados é a comunicação com pessoas leigas no assunto. Por isso, costumo dizer que, para trabalhar com dados, não basta entendê-los, é preciso saber compartilhar as informações com qualquer pessoa, independentemente do conhecimento dela sobre o assunto.

Você, como especialista em Analytics, precisa descobrir como envolver as pessoas na análise de dados, e para isso podemos usar técnicas de storytelling.

A primeira dica que tenho para você ter uma boa comunicação é evitar ao máximo usar a linguagem técnica da área. Na Métrica Boss, temos a cultura de sempre que falamos de uma métrica que as pessoas geralmente não entendem, explicamos automaticamente a sua função através de histórias.

A metodologia de "o quê, por quê e como" ajuda muito na construção dessas histórias. Para isso, é importante construir estruturas narrativas que sigam essa mesma lógica.

Antes de produzir um relatório ou preparar uma apresentação sobre dados, você deve se questionar sobre o seguinte: a pessoa que está consumindo essa apresentação está entendendo o que estou falando?

Por isso, evite levar planilhas com diversos números e nomes de métricas. No lugar, priorize gráficos visualmente simples de entender, com informações realmente relevantes para aquelas pessoas.

É fundamental deixar o mais fácil e claro possível. E foi por isso que criamos a regra do OPC, que apresentei no capítulo anterior: o que estou levando, por que estou levando e como faço para melhorar.

Vale lembrar que nada disso adianta sem ter dados confiáveis, principalmente porque há uma dificuldade extremamente comum de resistência a dados inconvenientes para o cliente.

Antes de tudo, portanto, é necessário passar autoridade e credibilidade na fala, incluindo postura adequada, gestos, pausas, entonação: tudo isso soma pontos de forma indireta para passar autoridade. É preciso atrelar linguagem verbal e não verbal para que seus argumentos sejam recebidos da melhor forma possível.

Outra dica que posso dar é: para impactar o público e mostrar que você tem autoridade para falar do assunto, inicie a apresentação mostrando suas experiências na área, big numbers, resultados anteriores, pois isso é o que dará aval para o espectador validar a sua presença e a sua importância na análise daqueles dados.

Mas qual é a estrutura para contar histórias com dados? Siga, sempre, os seguintes passos:

- Falar sobre os objetivos da análise.
- Contextualizar o cenário atual.
- Apresentar as mudanças.
- Concluir o raciocínio.

Por exemplo:

> — Hoje, vamos falar sobre as causas da queda de receita do seu e-commerce. Sua receita até o mês passado era X, até que apresentou uma queda por conta dos fatores X, Y e Z. Para mudar a realidade atual, vamos implementar tais melhorias.

É importante ter em mente que Analytics é, sim, um assunto técnico, mas você precisa ter uma conclusão estratégica e, muitas vezes, uma ideia criativa para concluir o raciocínio. Afinal, o processo analítico é falar sobre dados, mas é o processo criativo que irá permitir novas ações. Explique sempre a ação que está levando ao espectador.

A Pixar, uma das subsidiárias da The Walt Disney Company, desenvolveu uma estrutura narrativa que pode ser aplicada praticamente em qualquer contexto. A ideia, basicamente, é dividir a apresentação em três atos:

Ato 1: Apresentação — contexto, como é.

Ato 2: Jornada — efeitos, altos e baixos, problemas.

Ato 3: Conclusão — resolução do conflito, descoberta do problema e proposta de mudança.

Além de seguir essa estrutura narrativa, é importante trabalhar com rapport, uma técnica de PNL para criar sintonia e conexão através da comunicação, fazendo com que o outro se veja em você, dando sinais de comunicação verbal e não verbal. Se vai falar com uma pessoa ágil e apressada, você deve também acelerar o discurso. Se a pessoa tem uma fala mais cadenciada, acompanhe esse ritmo. É preciso entender os sinais de comunicação que o outro está mostrando para a confiança ser estabelecida.

Afinal, como dizia David Ogilvy, comunicação não é o que você fala, é o que o outro entende. Preocupe-se sempre com o que o seu público entenderá. Não vou entrar em muitos detalhes sobre Storytelling pois isso é tema para um próximo livro. ;)

13. ESCOLHENDO A SUA FERRAMENTA DE ANALYTICS

Só podemos tomar decisões acertadas se pudermos analisar e interpretar os dados

- Avinash Kaushik

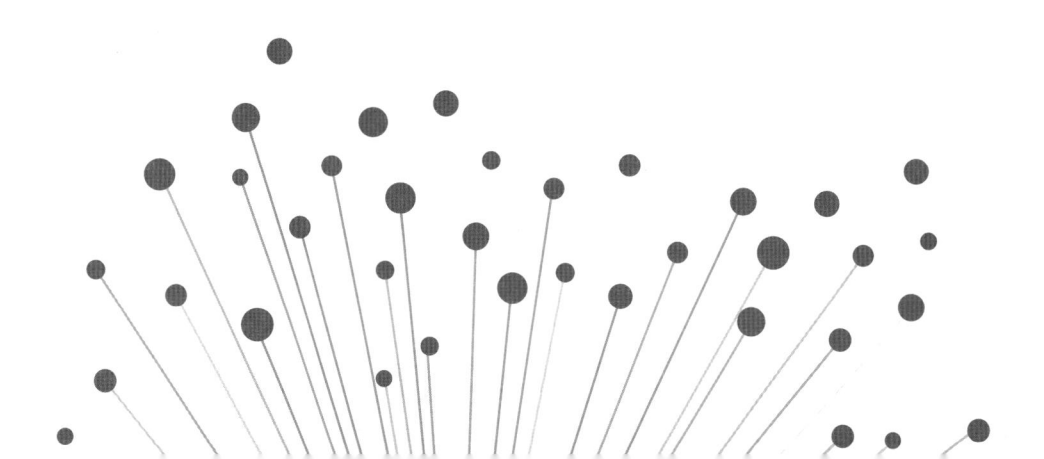

Até agora, você aprendeu quais são as responsabilidades da área de digital analytics, os desafios de implementar uma cultura de dados e metodologias para transformar dados em execução. Agora, é hora de saber como utilizar as ferramentas para facilitar o seu dia a dia e te apoiar na obtenção de insights.

Neste capítulo, vou trazer ferramentas gratuitas e pagas que vão facilitar o seu acesso a dados. Mas lembre-se: o objetivo não é que você as utilize para ser um leitor deles. O desafio é aprender a interpretá-los e transformá-los em execução que podem ser úteis no dia a dia.

Um ponto importante a ser esclarecido é que não existe ferramenta melhor ou pior. Seja qual for sua escolha, as ferramentas precisam ser adaptadas às suas necessidades. Para te ajudar a definir as melhores opções para o seu negócio, separei três dicas para que você consiga tomar decisões mais assertivas.

» ADOÇÃO

Antes de escolher as ferramentas para a sua empresa, verifique quanto o mercado aderiu a essas plataformas. Afinal, quanto mais pessoas utilizarem a ferramenta, mais especialistas que sabem operá-la estarão disponíveis no mercado, mais informações você terá sobre possíveis problemas e mais materiais sobre melhorias para consulta você terá à sua disposição.

» DOCUMENTAÇÃO

Você sabe que todos os carros vêm com um manual de instruções, certo? Mas, por acaso, você já leu um manual completo de um carro? Provavelmente, não.

Em geral, as pessoas consultam os manuais quando se deparam com algum problema ou dificuldade de uso. E quando se fala em ferramentas de Analytics, acontece a mesma coisa.

Todo produto deve ter manual de uso, uma parte básica e fundamental para qualquer coisa que você venha a contratar, mas as ferramentas que tiveram ampla adoção de mercado contam com uma documentação ainda mais completa que ensinará você a utilizá-la da forma correta e extrair o máximo dela.

O que você precisa ficar atento é com as ferramentas que dependem do próprio fornecedor para fazer a implantação. Por isso, ao escolher uma ferramenta, minha dica é que você opte pelas que te dão liberdade de operar da forma que achar melhor: seja com a própria equipe da ferramenta, trabalhando sozinho ou contratando terceiros.

» COMPETÊNCIA

Outra dica importante para te ajudar a escolher as ferramentas mais adequadas para as suas operações é checar se há profissionais aptos a operá-las, pois, quanto menos pessoas souberem mexer, maiores os riscos de você ter problemas. Por isso, faça, pelo menos, três perguntas para responder a esse ponto:

- Você tem competência para desenvolver um profissional para operar essa ferramenta?
- Existem cursos e treinamentos disponíveis no mercado?
- Existem pessoas competentes para operá-la?

Com essas respostas, você saberá qual a melhor decisão tendo em vista a sua realidade e os seus desafios.

FERRAMENTAS DE ANALYTICS

Agora que você já sabe o que levar em consideração na hora de escolher as suas ferramentas, chegou a hora de conferir algumas das melhores opções do mercado. Vamos lá?

» FERRAMENTAS DE ANALYTICS PARA SITES

1. Google Analytics (gratuito)

O Google Analytics é a principal e mais conhecida ferramenta de web analytics do mundo. Em seu plano free, existem diversas soluções que auxiliam a análise de dados do seu site, incluindo métricas relacionadas ao comportamento do consumidor, vendas do site, desempenho e performance, dentre outras.

Além disso, o GA, como nos referimos no dia a dia, tem em nativo um teste A/B (muito bom, mas não tão simples de usar) e uma área de mapa de calor, que permite que você saiba as áreas mais clicadas em seu site e quais dessas áreas foram responsáveis por gerar receita.

2. Adobe Analytics (pago)

Com o Adobe Analytics, você pode mesclar, juntar e analisar dados de qualquer etapa na jornada do cliente. Com análise detalhada, relatórios versáteis e inteligência preditiva, você tem a base necessária para criar experiências melhores para o cliente.

3. Navegg (gratuito)

A Navegg é outra ferramenta 100% brasileira. O principal diferencial da Navegg é a segmentação dos usuários. É possível exibir banners promocionais para diferentes tipos de clientes, por exemplo.

Assim como o Google Analytics, a Navegg possui uma área só de audiência, onde é possível analisar a idade, sexo e interesses dos usuários, mas com uma principal diferença: os hits. Enquanto a versão do GA free possui um limite de hits, na Navegg isso é liberado.

» FERRAMENTAS DE TESTES A/B PARA SITES

1. Optmizely (gratuito)

A Optmizely possui uma versão gratuita, que, apesar de básica, é capaz de atender a testes iniciais. Mas atenção: neste plano, só é possível fazer um teste por vez em uma página. Isso significa que não é possível, por exemplo, efetuar um teste na home, um na página de produto e um no carrinho. Como disse, a ferramenta é básica, mas atende aos pequenos e-commerces.

2. Visual Website Optmizer (VWO) (teste gratuito)

Embora a versão gratuita da VWO tenha apenas 30 dias liberados para experimentação, o tempo é suficiente para notar o potencial da ferramenta. Assim como as outras ferramentas de teste A/B, a VWO é de fácil inserção, pois, uma vez com o script inserido, você não precisará mais de TI. Além disso, a VWO tem um diferencial frente às outras ferramentas: possui integração com Magento, então é possível ver, além de análises dos testes, a receita de cada teste integrado ao seu Magento.

3. Amplitude Experiment (paga)

A Amplitude Experiment é uma nova ferramenta de teste A/B da amplitude, ferramenta de Analytics focada em produtos. Uma grande diferença do Experiment em comparação com outras ferramentas é que não começa com a variante ou sinalizador de recurso. Começa com o design do experimento. O fluxo de trabalho do Amplitude Experiment orienta você pelas melhores práticas de construção de um teste eficaz. Comece com o problema do cliente, descreva os insights de suporte e documente sua hipótese. Você pode até vincular a um gráfico ou métrica existente que usa no Analytics.

4. A/B Tasty (paga)

Mais desconhecido que as mencionadas anteriormente, o A/B Tasty pode ser uma alternativa para quem possui principalmente e-commerce. A ferramenta possui mais de 25 integrações e além de testes A/B, possui também recursos de personalização e ainda funciona em apps.

5. Split Hero (paga)

A Split Hero é uma ferramenta exclusiva para testes em wordpress. A ferramenta tem integração com o Elementor e conseguiu dividir as mais variadas versões de suas páginas para a execução do teste.

A interface da plataforma é supersimples e bem prática de usar, a mesma possui versão trial, mas é paga.

» FERRAMENTAS DE PESQUISAS

1. SurveyMonkey (paga)

A SurveyMonkey é uma das principais ferramentas de questionários do mundo. Nela, você consegue realizar pesquisas de satisfação, colheita de NPS, enquetes, dentre outras, e é ideal para você acompanhar o engajamento e percepção das pessoas em relação à sua empresa, produtos e serviços.

2. Google Forms (gratuito)

O Google Forms é a ferramenta gratuita do Google para a realização de pesquisas. Nele, você consegue produzir pesquisas de múltipla escolha, escala numérica, discursivas, entre outras opções, e é ideal para solicitar feedbacks ou avaliações para os seus clientes.

3. Typeform (teste gratuito)

O Typeform é outra excelente opção de ferramenta para criação de formulários online. Além das funcionalidades de questionários interativos e personalizados, a ferramenta possui integração com mais de 120 aplicativos.

» FERRAMENTAS DE MAPA DE CALOR PARA SITES

1. Hotjar (gratuito)

Apesar de ser uma ferramenta de All-In-One Analytics, não pode ser considerada concorrente do Google Analytics. Na verdade, uma das principais funcionalidades do Hotjar é o mapa de calor, incluindo heat maps, click maps e scroll maps. Ou seja, permite que você entenda o comportamento dos usuários no seu site, as áreas mais clicadas e mostra em que página o usuário abandona a sua página.

2. CrazyEgg (30 dias gratuitos)

Assim como o Hotjar, o CrazyEgg permite que você veja exatamente como as pessoas estão interagindo com o seu site, mostrando as áreas de maior interação, cliques e abandonos. Você pode testar a ferramenta gratuitamente durante trinta dias.

3. Smartlook (gratuito)

O Smartlook faz uma análise qualitativa dos comportamentos dos usuários do seu site de forma clara e visual. Além de gravar as sessões e acompanhar os eventos realizados nas páginas, a ferramenta explica os "porquês" desses comportamentos. Assim como muitas ferramentas, o plano gratuito possui menos funcionalidades, mas é o suficiente para você começar as suas análises.

4. Contentsquare (pago)

Com o Contentsquare, antigo Clicktale, você se torna capaz de analisar mapas de calor e visualizar a experiência do usuário a partir de sua própria perspectiva para gerar hipóteses e tomar decisões mais assertivas. Um ponto interessante da ferramenta é sua integração com outras plataformas, incluindo o Google Analytics.

» FERRAMENTAS DE DASHBOARDS

1. Looker Data Studio (gratuito)

O Google Data Studio é uma ferramenta gratuita do Google capaz de transformar seus dados em relatórios simples, informativos e personalizados de acordo com as suas necessidades. Nele, você consegue criar diferentes tipos de gráficos, tabelas dinâmicas, criar filtros de informações e ter maior controle das métricas que realmente importam para os negócios.

2. Power BI (pago)

O Power BI é uma ferramenta da Microsoft que permite a criação de dashboards e relatórios personalizados a partir da conexão de diferentes fontes de dados. É ideal para quem atua com grande escala de informações.

3. Tableau (teste gratuito)

O Tableau, plataforma da Salesforce, é outra excelente opção entre as ferramentas de dashboards, relatórios e gerenciamento de dados. Um dos diferenciais da plataforma é a possibilidade de compartilhamento e gestão das informações na infraestrutura da empresa ou na nuvem.

4. Reportei (pago)

O Reportei é uma ferramenta de dashboards e relatórios de marketing digital, focada em redes sociais. Além de reunir dados de Instagram, Facebook, YouTube, LinkedIn, Pinterest e TikTok, a plataforma pode ser integrada a outras ferramentas, como Google Analytics, Google Ads, Google Search Console e CRMs. Um dos destaques é que a ferramenta disponibiliza espaços, nos dashboards, para que você escreva suas análises e não perca suas anotações.

5. DataDeck (pago)

O DataDeck é uma ferramenta que permite a construção de dashboards e relatórios personalizados a partir de modelos prontos. Além da integração com mais de cem plataformas, a ferramenta conta com uma funcionalidade de alertas inteligentes e automatizados para que você seja alertado quando atingir determinadas metas ou sua taxa de conversão, por exemplo, cair.

6. Dashgoo (teste gratuito)

Outra possibilidade de ferramenta para acompanhamento e apresentação de métricas é o Dashgoo, que oferece funcionalidades simples para criar relatórios de Instagram, Facebook, YouTube, mídia paga, dentre outros. Um dos destaques da plataforma é a automatização do envio dos relatórios. Apesar de disponibilizar apenas quatorze dias de teste gratuito para os usuários, a ferramenta é bastante acessível.

7. Zoho (teste grátis)

O Zoho ajuda os usuários a reunir dados a partir de integrações, facilitando a obtenção de insights a partir de relatórios personalizados. A ferramenta conta, ainda, com recursos de inteligência artificial e machine learning para insights personalizados e análise preditiva.

8. Cyfe (pago)

O Cyfe é uma ferramenta de acompanhamento de performance bastante completa. Nela, você consegue monitorar as métricas mais importantes em uma única tela a partir de dashboards personalizados. A ferramenta conta com diversas integrações e capacidade de analisar dados de redes sociais, mídia paga, sites, e-mail marketing, vendas, dentre outros.

» FERRAMENTAS DE ANALYTICS PARA APPS

1. Amplitude (gratuito e pago)

A Amplitude é uma das ferramentas de Analytics para apps e sites mais usadas mundialmente. Com ela, você consegue ter controle sobre os dados do seu app/site, informações sobre os usuários e ainda possui versões free e premium.

Para saber mais, ouça o podcast sobre a Amplitude:

2. Mixpanel (gratuito e pago)

Mixpanel é uma das ferramentas mais populares para a área de produtos, concorrendo diretamente com a Amplitude, GA4 e Firebase. A ferramenta possui versão trial e paga com diversos tipos de relatórios.

Assista ao podcast sobre a Mixpanel:

3. GA4 (gratuito e pago)

O Google Analytics 4 é a mais recente versão do Google Analytics com planos gratuitos e pagos. O GA4 permite analisar sites, app e também web+app. Aos poucos, essa versão da ferramenta vem substituindo o Universal Analytics.

Assista ao podcast sobre a GA4:

4. Firebase (gratuito e pago)

Firebase é uma solução completa para apps, tanto para Analytics quanto para a parte técnica de desenvolvimento dos aplicativos em si. A ferramenta também possui uma versão gratuita e pode ser integrada ao Google Analytics 4.

Assista ao podcast sobre mensuração de apps:

5. Localytics (paga)

A Localytics é uma empresa que oferece uma plataforma de análise e engajamento para aplicativos móveis e web. Grandes marcas, como ESPN, eBay, Fox, Salesforce e New York Times usam suas ferramentas de análise e marketing para entender o desempenho dos aplicativos e como engajar clientes novos e atuais.

6. Data.ia (paga)

Anteriormente conhecido como App Annie, o Data.ia é mais uma opção para quem precisa analisar dados de aplicativos. O diferencial da plataforma é sua capacidade de combinar dados dos usuários com dados de mercado através de inteligência artificial, contribuindo para insights mais robustos.

» FERRAMENTAS DE MENSURAÇÃO DE MÍDIA PARA APPS

1. Appsflyer (pago)

A AppsFlyer é uma das principais ferramentas de atribuição, mensuração, análise de dados e engajamento para aplicativos. A plataforma tem integração com mais de 10 mil parceiros, contribuindo para a performance de marketing de aplicativos de diversos tipos.

Assista ao podcast sobre a Appsflyer:

2. Adjust (pago)

A Adjust é uma plataforma de analytics que ajuda os profissionais de marketing a impulsionar seus aplicativos mobile com soluções de mensuração e otimização de campanhas e proteção dos dados do usuário. Além de disponibilizar diversos relatórios de análise, é uma ferramenta voltada para análise de mensuração de mídia.

3. Branch (gratuito e pago)

A Branch é uma ferramenta para análise de mídia em aplicativos. Com relatórios como Deep Link, Analytics, e-mail marketing e afins, a plataforma é uma das soluções mais acessíveis para mensuração de mídia em aplicativos.

» FERRAMENTAS DE MAPA DE CALOR PARA APPS

1. UX CAM (gratuito e pago)

A UXCam é líder de mercado em análise de experiência de aplicativos, capacitando equipes móveis com insights rápidos. Através dela, você consegue acompanhar mapa de calor, session recording e compreender a jornada dos usuários no seu aplicativo.

2. Smartlook (gratuito e pago)

O Smartlook é uma ferramenta de mapa de calor e video recording que funciona tanto para sites como para aplicativos. Diferente das concorrentes UX CAM e Scribblemaps, o Smartlook conta também com uma visão de Analytics para o seu app, indo além das informações de gravação de vídeo e mapa de calor, mas entregando, também, uma área de análise de dados para o seu aplicativo.

» FERRAMENTAS DE REVIEW PARA APPS

1. Appbot (teste gratuito)

O Appbot é uma ferramenta que monitora reviews para aplicativos na Apple Store e Play Store. A plataforma fornece análises de feedback em minutos, permitindo que você veja instantaneamente o que seus usuários estão falando sobre o seu aplicativo.

2. Aso World (pago)

O Aso World é uma ferramenta de monitoramento de reviews para aplicativos que também possui funcionalidades de SEO para Apps, ou App Search Optimization (ASO). Vale destacar que a ferramenta possui precificação diferente para as informações de iOS e Android e permite monitoramento em tempo real.

3. App Follow (gratuito e pago)

Da categoria de App Review, o App Follow é uma das poucas opções no mercado que possui versão paga e também gratuita. Assim como o Aso World, o App Follow possui tanto a parte de ASO (App Search Optimization), como também o monitoramento de reviews do seu aplicativo na Play Store e Apple Store.

14. SEUS PRÓXIMOS PASSOS EM ANALYTICS

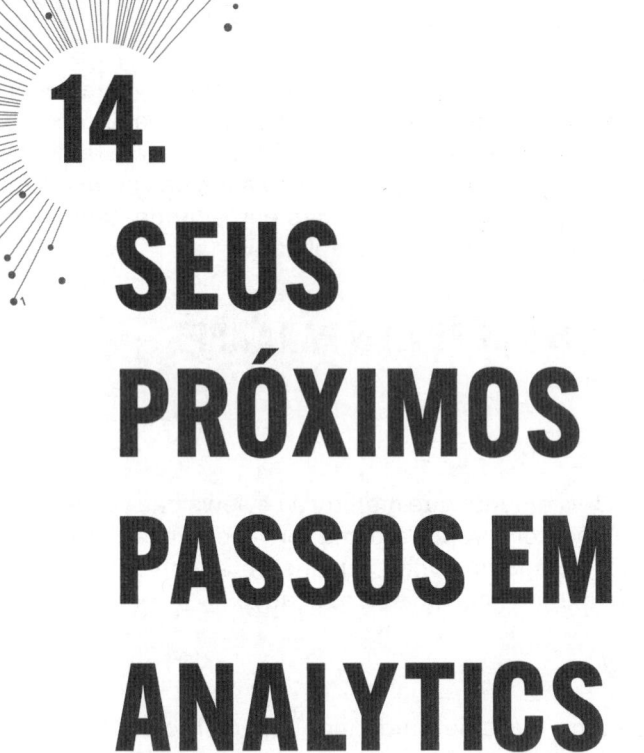

A diferença do leitor para o analista de dados é que um sabe ler e o outro, conta histórias

- Gustavo Esteves

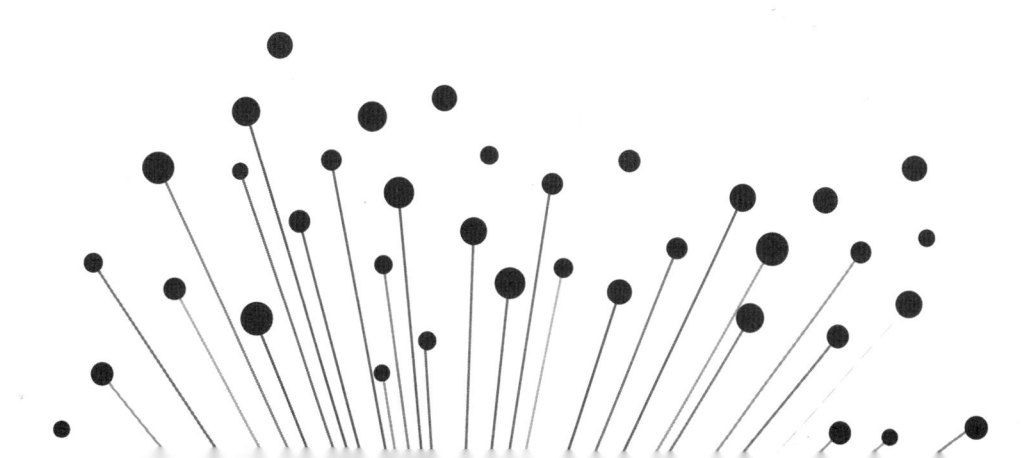

Saber verdadeiramente trabalhar com dados é uma das skills mais desejadas do mercado. Estudos mostram, por exemplo, que, em 2025, os anúncios digitais representarão 77,5% dos investimentos em mídia.

Diante desse cenário, são inúmeras possibilidades de carreira para quem entende de métricas e Analytics. Por isso, essa deve ser a sua base de conhecimento caso esteja estudando, trabalhando ou empreendendo com digital.

Quando falamos de negócios digitais, incluindo produtos, e-commerces ou marketing, o maior argumento de se trabalhar no ambiente online é a possibilidade de mensurar tudo o que acontece. Portanto, se falamos o tempo todo para o mercado que temos um espaço onde podemos medir as informações, como é que as pessoas ainda estão se dando ao luxo de não fazer isso?

Como disse no início deste livro, muitas empresas e profissionais se dizem data driven. Mas será que eles são realmente orientados a dados ou gostariam de ser?

Recentemente, rodei uma pesquisa simples no Instagram. Lá, perguntei: sua empresa é data driven? Obtive 52% de respostas positivas e 48% de respostas negativas.

Na sequência, questionei: a sua empresa possui algum budget dedicado para a área de dados? Obviamente, se a sua empresa é data driven, obrigatoriamente existe orçamento dedicado a isso. Porém apenas 28% responderam positivamente.

Para mim, isso demonstra que, na realidade, a pessoa que atua naquela empresa pode ser orientada a dados, mas não a empresa, pois se a organização atuasse dessa forma, haveria investimento.

Nesse contexto, temos um grande desafio, que é mudar a cultura das empresas brasileiras no que tange à análise de dados no ambiente digital. Hoje, trabalhar da forma correta com Analytics não é mais questão de estratégia, e sim de sobrevivência. Quanto mais pessoas tomarem decisões baseadas em dados, mais veremos os negócios do Brasil avançando em uma cultura data driven, ou seja, atuando com ações e resultados relatados.

Ao longo desses anos com a Métricas Boss, atuamos em mais de 3 mil projetos de consultoria e auditoria de Analytics. Desses projetos, mais de 90% precisaram de intervenção para melhorias.

Isso mostra a urgência e a necessidade de você dominar essa área e aplicá-la para tornar a sua vida profissional mais assertiva, reduzindo custos indevidos, encontrando melhores soluções para problemas de negócios e posicionando as empresas em um patamar de real presença digital.

É claro que tudo o que é novo assusta, mas quanto mais você mergulhar no mundo dos dados, mais você entenderá que basta ter um objetivo e uma pergunta clara para focar o seu olhar nas métricas que realmente importam.

Quando as pessoas percebem que a evolução normal das coisas é atuar com interpretação de dados, fica claro que a forma de trabalhar anteriormente — seja ignorando as métricas ou simplesmente lendo dados — deve ser superada.

Veja, hoje você tem à disposição ferramentas que evoluem constantemente para tornar sua vida mais fácil. Por isso, explore as plataformas e siga o passo a passo para transformar dados em execução.

Lembre-se: é preciso definir as métricas e KPIs, que devem ser simples, relevantes e acionáveis. Depois, mensure essas métricas de forma limpa e faça uma análise inteligente, com insights para uma ação. Com todo esse ciclo percorrido, é fundamental aprimorar ou eliminar essa métrica, definindo uma nova para repetir todo esse processo novamente.

Tenha também cuidado com a ansiedade de dados. Não é preciso mensurar tudo. Afinal, quem mede tudo, não mede nada. Questione-se: esse dado é importante? O que nós fazemos com ele? Por que ele é importante? O que ele nos diz? Se ninguém utiliza aquela informação, remova. No mundo dos dados, menos é mais.

Meu objetivo com este livro é tornar este mundo mais simples para você. E eu realmente espero ter cumprido com a minha meta.

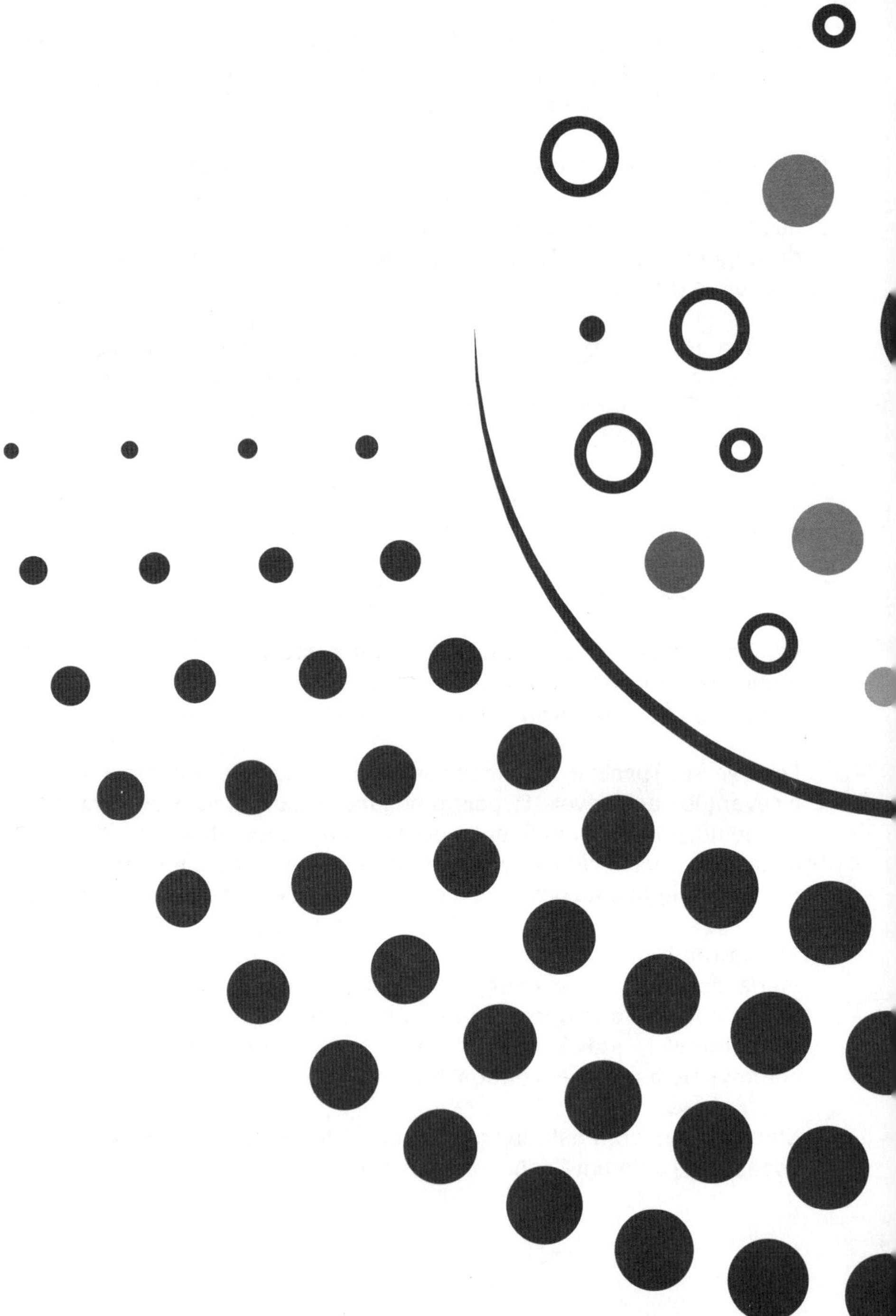

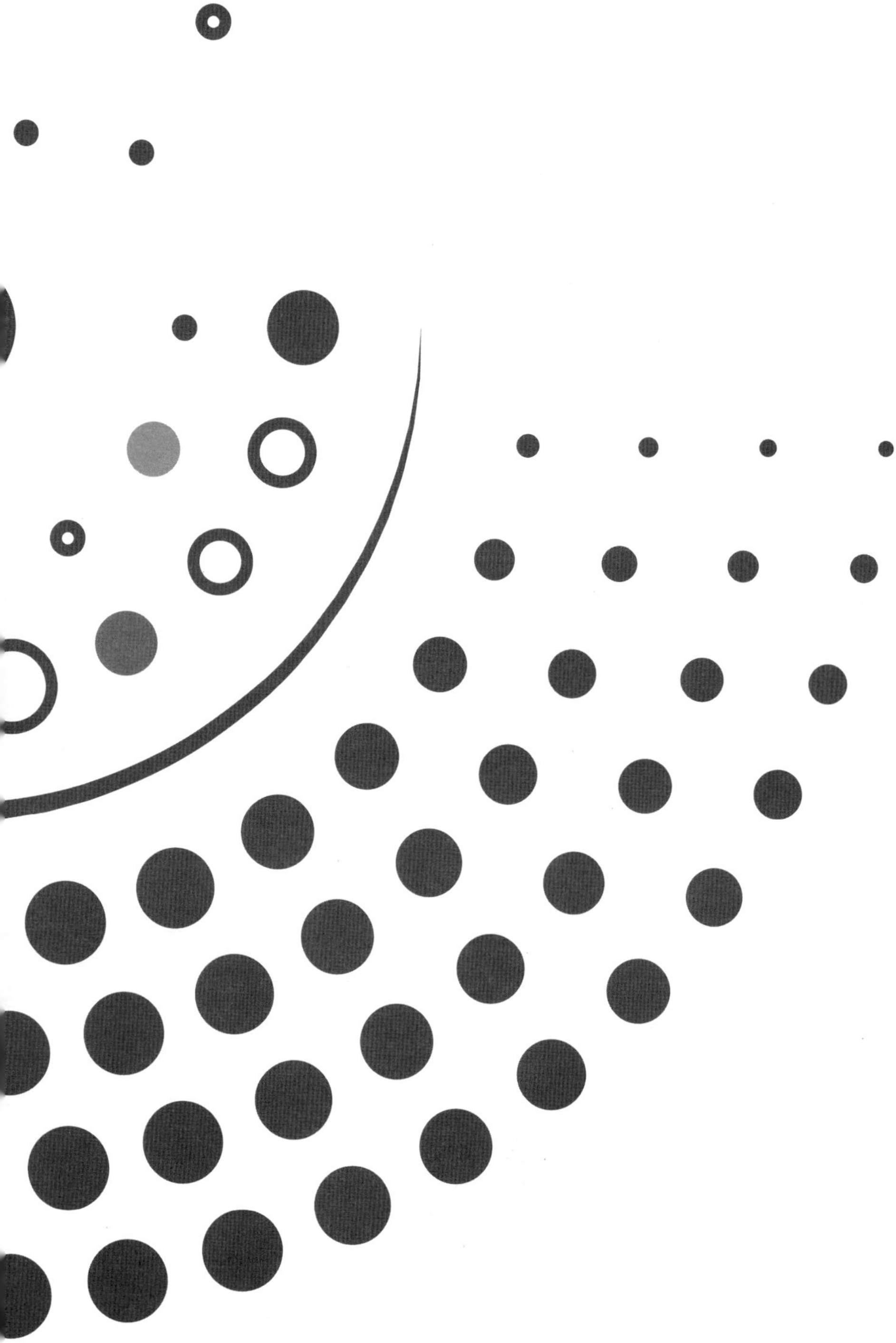

www.dvseditora.com.br